INTERVENÇÃO ESTADUAL NOS MUNICÍPIOS

Dados Internacionais de Catalogação na Publicação (CIP)

S237i Santos, Carlos Eduardo Ferreira dos.

Intervenção estadual nos municípios / Carlos Eduardo Ferreira dos Santos. – Porto Alegre : Livraria do Advogado, 2022.

179 p. ; 23 cm.

Inclui bibliografia e apêndice.

ISBN 978-65-86017-46-5

1. Intervenção estadual. 2. Administração estadual. 3. Direito constitucional - Brasil. 4. Intervenção estadual - Constituição. 5. Intervenção estadual - Jurisprudência. I. Título.

CDU 353

Índice para catálogo sistemático:

1. Intervenção estadual 353

(Bibliotecária responsável: Sabrina Leal Araujo – CRB 8/10213)

Carlos Eduardo
FERREIRA DOS SANTOS

INTERVENÇÃO ESTADUAL NOS MUNICÍPIOS

livraria DO ADVOGADO editora

Porto Alegre, 2022

Capa, projeto gráfico e diagramação
Livraria do Advogado Editora

Revisão
Rosane Marques Borba

Livraria do Advogado Editora
Rua Riachuelo, 1334 s/105
90010-273 Porto Alegre RS
Fone: (51) 3225-3311
livraria@doadvogado.com.br
www.livrariadoadvogado.com.br

Impresso no Brasil / Printed in Brazil

Obras do autor

Livros

- *Adimplemento substancial nos crimes tributários*. Belo Horizonte: Fórum, 2022.
- *Crimes Contra o Sistema Financeiro Nacional* (Lei 7.492/86). Rio de Janeiro: Lumen Juris, 2021.
- *Legislação Específica MPC-Pará*. Rio de Janeiro: Lumen Juris, 2021.
- *Vade Mecum MPC – Rondônia*. Rio de Janeiro: Lumen Juris, 2021.
- *Processo Legislativo Distrital* (Legislação), 2ª ed. Belo Horizonte: Dialética, 2020.
- *Normas de Contabilidade no Setor Público*, 2ª ed. Belo Horizonte: Dialética, 2020.

Artigos

- *Propostas para nomeação de ministros do Supremo Tribunal Federal*. Revista do Tribunal Regional Federal da 1ª Região, v. 33, n. 2, p. 45-58, 31 ago. 2021.
- *As Forças Armadas não detêm competência para intervir nos poderes*. Revista Consultor Jurídico – ConJur. Opinião. 31 de agosto de 2021.
- *Sobre a prisão após condenação em segunda instância*. Revista Consultor Jurídico – ConJur. Opinião. 30 de agosto de 2021.
- *Impenhorabilidade de salário nas execuções civis versus direito ao pagamento do credor*. Revista do Tribunal Regional Federal da 1ª Região, v. 33, n. 1, p. 29-46, 30 abr. 2021.
- *A teoria do adimplemento substancial é aplicável nos crimes tributários?* Revista Forense – Volume 432 – Ano 116 – Junho – Dezembro de 2020. Publicado em 11.jan.2021
- *Não recepção na Constituição* de 1988 da penalidade administrativa de aposentadoria compulsória de magistrados. Revista do Tribunal Regional Federal da 1ª Região, v. 32, n. 3, p. 28-38, 17 dez. 2020.
- *Recusa de usar máscara vulnera princípio constitucional do direito à saúde*. Revista Consultor Jurídico – ConJur. Opinião. 8 de dezembro de 2020.
- *Atos antidemocráticos e crime de responsabilidade*. Revista BONIJURIS, Ano 32, Edição 665, Ago/Set 2020.
- *Maior eficiência na investigação criminal prevista na lei anticrime e sua constitucionalidade* – Revista do Tribunal Regional Federal da 3ª Região – Ano XXXI – N. 146 – Julho/Setembro de 2020 – ISSN 1982-1506, p. 15-32.
- *Vedação de Progressão de Regime aos integrantes de organização criminosa*. Revista de Doutrina Jurídica (RDJ). 55. Brasília. 111 (2). p. 268-288/Jan-Jun. 2020.
- *Sistemas penitenciários e o princípio da proporcionalidade*. Migalhas. Migalhas de Peso. Quinta-feira, 14 de maio de 2020.
- *A quarentena versus a liberdade de locomoção*. Revista Consultor Jurídico – ConJur. Opinião. 30 de abril de 2020.

Nota do autor

Por se tratar de tema com pouca bibliografia, foi necessário que o autor criasse teorias e propusesse soluções para as consequências advindas da intervenção estadual nos municípios. Notadamente, é sobremodo desafiador, mas igualmente gratificante pelo resultado alcançado, que demonstra a dedicação e o esforço na sistematização de tão relevante instituto no direito constitucional brasileiro.

Agradeço muitíssimo a Deus pela sabedoria dada, inteligência e capacidade jurídico-investigativa. *Senhor Jesus, muito obrigado*!!!

"Porque Dele, por Ele
Para Ele são todas as coisas
Porque Dele e por Ele
Para Ele são todas as coisas

A Ele a glória
A Ele a glória
A Ele a glória
Pra sempre
Amém

Quão profundas riquezas
O saber e o conhecer de Deus
Quão insondáveis
Seus juízos e Seus caminhos

A Ele a glória
A Ele a glória
A Ele a glória
Pra sempre
Amém"

Música: "A Ele a Glória"
Ministério Diante do Trono

"De tudo o que se tem ouvido, o fim é: Teme a Deus e guarda os seus mandamentos; porque este é o dever de todo homem".

Eclesiastes cap. 12, vers. 13.

Sumário

1. Surgimento dos Estados-Membros 13
1.1. Estruturação estadual no regime federativo 16

2. Surgimento dos municípios 18
2.1. Autonomia dos municípios na CF/1988 23

3. Intervenção dos Estados-Membros nos seus municípios 26
3.1. Introdução 26
3.2. Conceito 27

4. Princípios da intervenção estadual 32

5. Espécies de intervenção 37

6. Natureza jurídica da intervenção estadual 39

7. Classificação da intervenção estadual 44

8. A intervenção é obrigatória ou facultativa? 48
8.1. Competência decisória 59

9. Categorias de intervenção estadual 62
9.1. Intervenção por inadimplência consolidada 62
9.2. Intervenção prestativa de contas 64
9.3. Intervenção para transferência obrigatória 75
9.4. Intervenção por provimento 86

10. Pressupostos materiais e formais na CF/1988 89
10.1. Pressupostos materiais 90
10.2. Pressupostos formais 90
10.3. Iniciativa e execução da intervenção 92
10.4. Amplitude, prazo, condições e aprovação 98
10.5. A figura do interventor 101
10.5.1. Atribuições do interventor 105
10.5.2. Impossibilidade de o interventor exercer atos exclusivos do Poder Executivo ou do Legislativo 108
10.5.2.1. Primeira corrente: poderes ampliativos do interventor 108
10.5.2.2. Segunda corrente: poderes restritivos do interventor 113
10.6. Responsabilidade do interventor 124
10.7. Reparação civil por atos interventivos 126

11. É possível intervenção estadual em território estadual? 130

12. Intervenção estadual nos municípios nas constituições brasileiras 133

12.1. Constituição de 1824 133
12.2. Constituição de 1891 135
12.3. Constituição de 1934 136
12.4. Constituição de 1937 137
12.5. Constituição de 1946 138
12.6. Constituição de 1967 e Emenda Constitucional nº 1 de 1969 139

13. Constituições de Estados-Membros sobre intervenção 142

13.1. Constituição do Estado do Acre 143
13.2. Constituição do Estado do Amazonas 146
13.3. Constituição do Estado de Alagoas 148
13.4. Constituição do Estado de Pernambuco 150
13.5. Constituição do Estado de Goiás 152
13.6. Constituição do Estado de Mato Grosso do Sul 154
13.7. Constituição do Estado do Rio de Janeiro 155
13.8. Constituição do Estado do Rio Grande do Sul 157

14. Jurisprudência 160

14.1. Supremo Tribunal Federal (STF) 160
14.2. Superior Tribunal de Justiça (STJ) 164

Apêndice: Constituição Federal de 1988 (excertos) 173

Bibliografia 175

1. Surgimento dos Estados-Membros

Os Estados-Membros constituem unidade regional da Federação, ou seja, detém parcela do poder de autogoverno, autoadministração e auto-organização limitado ao respectivo espaço geográfico.

Na lição de Pinto Ferreira, desde longa data, a partir da sua própria formação histórica, o Brasil tem tido um governo regional descentralizado, o que se explica razoavelmente em face da imensidão do seu território. O Poder Público foi partilhado por um poder central e pelo governo de coletividades integrantes descentralizadas, as chamadas capitanias. Historicamente, os atuais Estados-Membros derivam das províncias do Império, e estas promanam das antigas capitanias. Desse modo, o nosso governo regional – que culminou nos Estados-Membros – tem raízes históricas que remontam cerca de quatrocentos anos. Ou seja, o Estado federado tem uma longa história, provindo em linha reta das antigas províncias, do mesmo modo que estas derivam das capitanias. Daí a importância que tem o Estado-Membro na comunidade federal brasileira, pois a sua anterioridade histórica se revela em relação tanto ao governo central (União) como às comunas (Municípios), nada obstante a variação do grau de descentralização das coletividades integrantes.

Isso porque logo no início a colonização portuguesa se dispersou ao longo da orla atlântica, com a criação das capitanias hereditárias subordinadas diretamente ao Reino lusitano, mas sem a existência de elo político mútuo, ou seja, sem ligações administrativas entre si, de modo que cada capitania se mantinha independente em relação à outra. Não havia assim uma unidade do Brasil, mas apenas colônias descontínuas subordinadas à metrópole. No ano de 1548, adotou-se a primeira medida conducente à unificação nacional, quando foi fundado o governo-geral da Bahia. Mas as dificuldades reinantes impediram uma administração unificada do território brasileiro, e é essa a razão pela qual, em 1572, foi o País ainda dividido em dois governos-gerais, e, em 1577, novamente teve um governo unitário. Sucessivas orientações foram tomadas, pois tal administração unificada foi novamente dividida em 1608, de novo unificada em 1613, afora as divisões decorrentes da invasão dos holandeses no Nordeste, atraídos pela imensa riqueza açucareira da região. Além disso, foi criado o Estado do Maranhão, desmembrada desde o Cabo de São Roque para o norte uma imensa região, que ficou ligada diretamente ao governo de Lisboa.

Diante disso, a conclusão é de que o Brasil não teve uma unidade política verdadeira nos primeiros dois séculos de sua existência, a não ser em momentos transitórios. A grande realidade então vigente eram as capitanias, altamente descentralizadas, formando-se de concessões inalienáveis e hereditárias, tendo os seus proprietários prerrogativas típicas e senhoriais, que relembram o feudalismo. Entre outros de seus poderes incluía o de conceder sesmarias, escravizar índios, nomear funcionários locais, detendo competência ainda para conhecer os agravos e apelações da capitania, alçada de pena de morte para peões, escravos e gentios, afora o degredo até dez anos para os súditos de qualidade (A. Tavares de Lira). Assim comenta Max Fleiuss: "A terra dividida em senhorios dentro do Estado, eis o esboço geral do sistema administrativo na primeira fase de nossa história". De fato, existiam governadores-gerais, posteriormente elevados a vice-reis, dos quais o primeiro foi D. Jorge de Mascarenhas, em 1640, tornando-se o cargo permanente no ano de 1763. Esses governadores tinham poderes enormes, mas ineficientemente exercidos em face da distância geográfica e das dificuldades de locomoção do centro para as regiões, impedindo a ação adequada do poder central. Só com Marquês de Pombal foram extintas as capitanias hereditárias, pela integração lenta de todas as doações perpétuas ao próprio patrimônio da Coroa portuguesa, o que veio restringir a força da descentralização.

No que alude à hierarquia política do governo, dizia Tavares de Lira, no livro *Organização política e administrativa do Brasil* (cit., p. 31): "Aos Governadores-Gerais ou Vice-Reis se seguiam, em ordem hierárquica, capitães-generais, como eles delegados régios e com poderes quase ilimitados. Logo abaixo vinham os capitães-mores ou governadores de Capitanias subalternas, cuja esfera de ação, limitada, em regra, pelos seus regimentos, à inspeção de tropas e fortalezas, à proteção das autoridades civis, à garantia dos representantes da justiça e dos funcionários da fazenda, não encontrava na prática qualquer óbice. A exemplo dos vice-reis e capitães-generais, exerciam um mando absoluto. Sua vontade era a lei única: *sic volo, sic jubeo*". Com efeito, a colonização portuguesa, tanto quanta a espanhola, divergiu bastante da colonização inglesa, pois esta sempre se propôs experimentar o *self-government*, um grau relativo de autonomia política em suas colônias, o que as habituou desde o início à prática do governo representativo, enquanto que a colonização lusitana se estruturava na base de simples descentralização administrativa, de mera autonomia administrativa e não política.

No período histórico do Reino Unido que vigorou no Brasil (1815-1822), as capitanias passaram a ser chamadas de províncias, e quando se criou o "Reino Unido de Portugal e do Brasil e Algarves" pela *Carta de Lei de 16 de dezembro 1815*, estava o Brasil subdividido em dezesseis capitanias, assim elevadas imediatamente à categoria de províncias. Durante o Império, foram ainda organizadas as Províncias do Amazonas em 1850, e a do Paraná em 1853, ao todo vinte províncias, que posteriormente se transformariam nos novos Estados-Membros da República. Posteriormente, novos Estados-Membros foram criados, a saber: Acre, Rondônia, Mato Grosso do Sul, Roraima, Amapá e Tocantins, estes três últimos pela Constituição Federal de 1988 (arts. 13 e 14 do Ato das Disposições Constitucionais Transitórias). "A princípio, com a Constituição do Império, a estrutura das províncias era garantida pela rigidez da Lei Constitucional, e somente lei especial do Parlamento geral poderia modificar tal estrutura. Possuíam elas uma simples descentralização burocrática ou administrativa; nem mesmo tinham o direito à sua integridade territorial. Daí os desmembramentos que sofreram, como, por exemplo, no caso das Províncias do Paraná e do Amazonas, criadas pelo esfacelamento de outras. O presidente dessas províncias era nomeado pelo Premier como simples delegado do poder central, ao passo que os seus conselhos gerais, conquanto eletivos, tinham apenas funções restritas de 'propor, discutir e deliberar sobre os negócios mais interessantes de suas Províncias', mediante projetos que depois remetiam para o governo central".[1]

Assim, "esta sufocante asfixia administrativa fazia perigar a própria unidade nacional, e daí a origem do Ato Adicional de 12-8-1834, outorgando certa autonomia às coletividades integrantes do Império, quando os conselhos gerais das províncias se transformaram em assembleias provinciais, com membros eleitos pelo povo da região. Os seus poderes eram bem amplos, abrangendo a instrução primária, a polícia e a economia municipal, a fixação da força policial, o levantamento de empréstimos, o processo dos magistrados, a divisão civil, judiciária e eclesiástica, bem como a suspensão dos presidentes das províncias. Tais deliberações dependiam, evidentemente, da sanção dos delegados do poder central, isto é, do presidente da província, porém as Assembleias poderiam superar e rejeitar tais vetos por uma maioria de dois terços em determinada matéria (orçamento, polícia e economia das comunas, processo dos magistrados); ao mesmo tempo se possibilitava o

[1] FERREIRA, Pinto. *Comentários à Constituição Brasileira*. 2º Volume – Arts. 22 a 53. São Paulo: Saraiva, 1990, p. 117-120.

recurso suspensivo dos presidentes para o poder central, como no caso de obras públicas que interessassem a várias províncias, ou na hipótese da existência de atos violadores de tratados internacionais, ou, ainda, posteriormente, quando as leis provinciais estivessem em desacordo com a Constituição. Esta última hipótese foi sugerida pela Lei de Interpretação do Ato Adicional".

"Foi com essa estrutura que as províncias viveram durante a longa existência dos dois reinados, até que a Revolução de 1889 veio transformá-las em Estados-Membros, dotados de autonomia política e constitucional, e passando a ter um relevo preponderante na União, com enorme influência dos governadores, representação historicamente a tradição do capitão-mor cheio de poderes e de influência. O regime republicano vem mantendo tal orientação, com ligeiras variações, nos derradeiros anos; os Estados membros, que historicamente derivam das províncias do Império, do mesmo modo que estas tiveram suas raízes históricas nas capitanias coloniais, existem hoje coletividades integrantes da União".[2]

1.1. Estruturação estadual no regime federativo

Consoante Pinto Ferreira, ao organizar-se no regime federativo, o Brasil já podia desfrutar da experiência norte-americana, que lhe serviu de modelo e de padrão na estruturação nacional, porém, dando-lhe uma definição formal mais nítida, aproveitando-se das tradições históricas do mundo americano. Os Estados-Membros obtiveram uma autonomia política incontestável, visto que o seu próprio eleitorado designava os membros do Poder Legislativo e também escolhia o próprio presidente ou governador do Estado, na condição de delegatário da região, e não mais do poder central. Assim, aos Estados-Membros foi conferido um poder de organização constitucional, sendo titulares de autonomia, com a competência de promulgarem e de revisarem as suas próprias Constituições, bandando que fossem respeitados os princípios constitucionais da União. Além disso, ficou-lhes assegurada a sua integridade territorial, como é a norma de norma existência republicana, ressalvado o interregno constitucional de 1937-1945, quando Getúlio Vargas criou diversos territórios federais desmembrados dos Estados e nomeou interventores por governadores. Mas a autonomia constitucional atribuída aos Estados os elevou a outro patamar, aliado

---

[2] FERREIRA, Pinto. *Comentários à Constituição Brasileira.* 2° Volume – Arts. 22 a 53. São Paulo: Saraiva, 1990, p. 120.

ainda à garantia da integridade territorial, que é própria do direito público norte-americano.

Registre-se ainda outra característica que fortalece o federalismo, consistente no poder de os nossos Estados-Membros participarem na formação da vontade federal, ou melhor, na formação dos órgãos do governo nacional, mediante a técnica do bicameralismo, segundo a qual uma das Câmaras – a Câmara Alta, chamada de Senado – é tida como uma Câmara dos Estados, admitindo-se a igualdade de participação ou a inalterabilidade numérica dos senadores, em número igual para cada Estado. É o princípio da igualdade da representação dos Estados federados na Câmara Alta, conforme a tradição norte-americana, adotada na Argentina, no Brasil, no México e na Suíça.

Tal previsão equipara os Estados-Membros ao mesmo nível jurídico-constitucional, assegurando a mesma condição de entes políticos, de modo a promover a unidade nacional. Ademais, os poderes residuais ou remanescentes pertencem aos Estados-Membros da federação brasileira, outorgando-se às unidades federais todos os poderes que não sejam atribuídos explícita ou implicitamente ao governo federal, que lhes favorece a autonomia. A generalidade dos regimes federativos adota esta técnica da outorga dos poderes residuais, excetuando-se alguns países, como se vê na Constituição do Canadá (*British North American Act*) de 1867 e na Constituição da Índia de 1949.[3]

Assim, no regime federativo, o conjunto dos Estados-Membros forma a União Federal, ou seja, o Poder Central resulta da junção de todas as unidades regionais que integram o Brasil. Diante disso, há uma relação de interdependência, visto que inexiste União Federal que não seja constituída por Estados-Membros, bem como não há Estado federado que não integre o espaço geográfico da União. A União representa o conjunto de Estados, sendo cada Estado-Membro uma parcela da União Federal.

[3] FERREIRA, Pinto. *Comentários à Constituição Brasileira*. 2º Volume – Arts. 22 a 53. São Paulo: Saraiva, 1990, p. 121-122.

2. Surgimento dos municípios

Os municípios constituem unidade local da federação, ou seja, detêm parcela do poder de autogoverno, autoadministração e auto-organização limitado ao espaço geográfico da municipalidade.

No magistério de Pinto Ferreira, "a origem do município data da antiga Roma. Na França tem o nome de comuna; na Inglaterra e nos EUA, a designação de condado (*county*) e burgo (*borough*). No Brasil, a organização municipal resultou da imitação do regime municipal português, regido na época pelas Ordenações Manuelinas de 1521. Mas foram as Ordenações Filipinas (1603) que realmente estabeleceram de modo definitivo o regime municipal. O município é uma entidade social e histórica antes de transformar-se em uma instituição político-jurídica. Resulta do agrupamento de várias famílias que se reúnem num certo território para a realização de determinados interesses comuns. É essa razão pala qual Gablentz o reputa como um conceito essencial da teoria do Estado e da sociologia, dando margem a uma administração própria da comuna, numa circunscrição administrativa baseada nas próprias relações de vizinhança. Sua importância é tão decisiva que os marxistas reputam a comuna primitiva como a base da evolução social, através da qual se processou o desenvolvimento da humanidade, mediante as fases dos impérios escravistas da Antiguidade, do feudalismo, do capitalismo e do socialismo".

"A comuna assim é uma unidade original e primária – bem o disse Raoul de la Grasserie – porém teve a sua evolução modificada pela pressão e emergência de fatores históricos e circunstanciais de diversas naturezas, até conseguir a sua estrutura atual baseada na ideia da autonomia política e administrativa. Os grandes impérios da antiguidade, como a civilização dos egípcios, assírios, fenícios, medas e persas, desconheceram o florescimento da vida municipal, o que é razoável em fase do absolutismo e do centralismo de sua organização, porém em toda a Grécia a verdade é que dominou o Estado-Cidade com funções nacionais, mas com população tão pouco numerosa que pudesse determinar a florescência do municipalismo. Se por vezes as cidades gregas se reuniam em ligas, com a liderança de uma das cidades, como

Atenas, Esparta e Tebas, elas, no entanto, conservavam a sua soberania, e mesmo na época de Alexandre, como salienta Glotz na obra A cidade grega, o absolutismo e centralismo do grande conquistador não foi favorável à expansão da vida municipal. É durante a civilização romana que se expande o regime municipalista. Porém, nem a todas as cidades conquistadas por Roma se concedia o direito ou privilégio de se organizarem como *municipia*, com isso adquirindo o direito geral ou limitado de cidadania romana, porém conservando suas instituições e leis próprias".

"Outras localidades apenas eram designadas de *fora* e *conciliabula*, e durante o Império se organizaram em povoações com o nome de *forum*. Tais privilégios eram concedidos às cidades que não opunham resistência aos invasores romanos, mas tais cidades não conservavam a sua independência. Mantinham, entretanto, uma administração local relativamente autônoma; não só tinham a autonomia administrativa, mas também a sua legislação civil própria e também certa autonomia na legislação de direito público, com o que se distinguiam das colônias. Estes privilégios abrangiam inicialmente o *jus suffragii* e o *jus connubium*, desvinculados do *jus civitatis*, e em seguida o conjunto dos direitos, porém os habitantes a quem se outorgaram tais privilégios tinham obrigações correspondentes, sobrelevando-se o serviço militar. Dizia a propósito Bielsa no livro *Princípios de regime municipal* que as cidades 'tinham a faculdade de ordenar sua administração interior, e correlativamente seus habitantes tinham o direito de cidadania, porém por isso se lhes impôs a obrigação de contribuir para os encargos (*numera*) do Estado, inclusive o serviço militar, daí o nome de munícipes aos habitantes destas cidades e de município às mesmas cidades e vilas'. Tal autonomia administrativa local era uma consequência do *jus italicum*, que, se a princípio se aplicava às cidades de península, depois também se distendeu até às províncias. Mas em que consistia essa autonomia? Ela se vinculava especialmente ao direito de ter governo próprio, organizando a justiça e a polícia, porém em subordinação a leis decretadas tanto pelo povo como pelo Senado romano. Daí vem o *self-government* ou a *Selbstverwaltung*, que se caracterizariam com mais eficiência no mundo moderno".[4]

De acordo com Berthélemy, a comuna é uma associação de habitantes de uma aglomeração com objetivo de administrar a si próprios, de modo a prover a satisfação das necessidades materiais e morais, originando o bairro. "Esta associação é a primeira a ser formada assim que os homens se tornam civilizados. A primeira forma de Estado é a

[4] FERREIRA, Pinto. *Comentários à Constituição Brasileira*. 2° Volume – Arts. 22 a 53. São Paulo: Saraiva, 1990, p. 190-192.

civitas: assim que a cidade se desenvolve, choca-se com a cidade vizinha; uma subjuga a outra ou a absorve; ou então se dão bem e o Estado assume a figura de federação de comunas; a ideia de nação só surge mais tarde. A ideia de comuna é, portanto, encontrada na própria formação das sociedades; isso justifica o que às vezes se afirma da seguinte forma: a comuna é um agrupamento natural".[5]

Igualmente, Carlos Maximiliano preleciona: "encontra-se em remota antiguidade as origens das corporações municipais hodiernas, entre as tribos pelasgicas da Grécia e na época do florescimento da República em Roma. Eram absorvidas pelo Poder Central, quando se eclipsava a liberdade; voltavam a brilhar, quando esta refloria. Conheceram-nas também as tribos germânicas, na qualidade de núcleos voluntariamente aproximados para a defesa das franquias comuns. Obumbraram-se na Idade Média, para rebrilhar depois. A *Volksgemeinde* teutônica é o embrião da municipalidade moderna, pelo menos alemã, inglesa e americana. Levaram-na os saxões para a Ilhas Britânicas; evolveu ali, naquele solo propício a liberdade; estendeu raízes pelo Novo Continente. No Império do Brasil já se não consideravam as Câmaras Municipais como agentes da administração geral, nem da provincial, em virtude, não só do caráter meramente local da sua missão (Constituição, arts. 71, 167 e 169) [CPIB de 1824], como de certa autonomia que emanava da sua origem eletiva (Constituição, art. 168) [CPIB de 1824]. Entretanto, o regime era centralizador".

"Insuspeitos publicistas julgavam incompleta a autonomia, não só porque se achavam as câmaras sob uma espécie de tutela das assembleias provinciais quanto à fixação de suas rendas e despesas, a fiscalização delas, a decretação das providências relativas à polícia e economia municipais (Ato Adicional, art. 10, §§ 3° a 7°, art. 11, § 3°, e Lei de 12 de Maior de 1840, arts. 1° e 2°); como porque de seus atos havia recurso para os Presidentes de Província e para o Governo Imperial, quando a matéria fosse meramente econômica e administrativa (Lei de 1° de Outubro de 1828, art. 73). Deviam ser mais exigentes do que os escritores imperialistas, e de fato assim se mostravam, os republicanos, partidários da descentralização política e administrativa. Não bastava a elegibilidade da função executiva e da legislativa em cada cidade ou vila. Era preciso arrancar à assembleia provincial o direito de legislar sobre a polícia, a fixação das despesas, a fiscalização do emprego das rendas, a supressão ou criação de funções remuneradas e de impostos municipais (Ato Adicional, art. 10, §§ 3° a 7°); bem como extinguir os

[5] BERTHÉLEMY, H. *Traité Élémentaire de Droit Administratif*. Treizième édition. Paris: A. Rousseau, 1933, p. 209.

recursos de atos das autoridades locais para o Presidente da Província (Lei de 1.828, artigo 73)".[6]

Os Municípios resultam da figura das *comunas*, que, primitivamente, decorriam da emancipação de cidades e vilas do domínio feudal, ocasião em que recebiam "carta régia" – documento que assegurava a liberdade desse jugo –, podiam ser regidos e governados pelas próprias leis.[7]

Na lição de Renato Alessi, a comuna, por extensão, é o menor ente territorial, mas pela importância das funções e da tradição na sociedade, é talvez a maior. São variadíssimas as funções delegadas às comunas, a exemplo da polícia local (polícia urbana, rural, edificações, etc.); matéria relativa à higiene (regulamentos, assistência médica, vigilância sanitária, salubridade do solo e do *habitat*, pureza da água potável, higiene dos alimentes, etc.); assistência e beneficência pública (ex.: hospitalização para os pobres doentes); na área de trabalhos públicos (construção e manutenção de estrada comunal); no seguimento da instrução pública (construção e manutenção de edifícios destinados ao ensino elementar e médio); prestação de serviços públicos (iluminação, distribuição de água potável, energia elétrica, transporte coletivo, esgotos; etc.[8] Dessa forma, os Municípios constituem parcela do território nacional, representando um limite material da ação efetiva dos governantes locais, ou seja, é a menor parcela geográfica do País onde são exercidos diferentes serviços públicos, sendo o serviço público um dos elementos do próprio Estado.[9]

Para ser possível a realização dos serviços públicos a cargo da comuna, a organização do Executivo é composta: i – de uma autoridade administrativa, o Prefeito; ii – de vários assessores do Prefeito e os deputados (conselho municipal); iii – de simples agentes. O poder do Prefeito funda-se em dupla qualidade, visto que atua como representante da autoridade do poder do Estado e representante da autoridade do poder regional, exercendo o Poder Executivo da comuna. O conselho municipal integra a organização deliberativa da comuna, constituído por uma assembleia composta por representantes eleitos por sufrágio universal direto pelos eleitores da localidade. Para o desempenho das atividades que lhe são afetas, exsurge a figura dos agentes, que são

---

[6] MAXIMILIANO, Carlos. *Comentários à Constituição Brasileira*. 2ª ed. Rio de Janeiro: Jacintho Ribeiro dos Santos, 1923, p. 634-635.

[7] SILVA, De Plácido e. *Vocabulário Jurídico*. 26ª ed. Rio de Janeiro: Forense, 2005, p. 325.

[8] ALESSI, Renato. *Sistema Istituzionale del Diritto Amministrativo Italiano*. Seconda Edizione. Milano: Dott. A. Giuffrè, 1958, p. 138-139.

[9] DUGUIT, Léon. *Traité de Droit Constitutionnel*. Deuxième édition. Tome deuxième. La Théorie Générale de l'État. Paris: Fontemoing, 1923, p. 46 e 54.

empregados burocráticos, agentes administrativos ou funcionários em geral.[10]

Assim, tendo em vista a importância das comunas, estas foram elevadas à condição de Municípios, beneficiando a comunidade local. A primeira Constituição republicana de 1891 inovou ao assegurar, de maneira expressa, a autonomia dos Municípios em tudo quanto respeite ao seu peculiar interesse (art. 68). Segundo João Barbalho, "o deputado Meira de Vasconcelos aventará a ideia de deixar-se aos municípios o cuidado e tarefa de se constituírem, reconhecendo-lhes o direito de se organizarem eles por leis suas, com as limitações que se resultassem das Constituições dos respectivos Estados. Com este intuito apresentou a seguinte emenda:

'Os municípios organizar-se-ão de acordo com as Constituições dos Estados respectivos, observadas as seguintes bases: 1° Completa autonomia em tudo quanto respeite ao seu peculiar interesse; 2° Eletividade da administração local; 3° Faculdade de celebrarem com um ou mais municípios do mesmo Estado os ajustes necessários para a realização de obras ou serviços da restrita competência de cada um, em seu respectivo território'.

E justificava essa ementa, produzindo as seguintes considerações (Anais do Congr. Const., vol. II, p. 199):

'Entendo que teríamos sofismado a patriótica aspiração da autonomia do poder municipal, senão déssemos aos municípios o direito de se organizarem, observadas apenas aquelas restrições que têm por fim manter a linha divisória entre a competência dos Estados e a dos mesmos municípios. Com esta emenda pretendo fazer com que na organização dos municípios não se verifique essa uniformidade que, se é funesta em relação à organização dos Estados, é funestíssima e perigosíssima no regime federativo em relação à organização municipal. O sistema federativo deve deixar a cada município consultar os seus interesses especiais e tantas outras circunstâncias que não se pode deixar de considerar outros tantos fatores de uma boa organização comunal. Em relação aos municípios é ainda mais capital a necessidade da autonomia, e em um regime federativo não se pode pretender que pelos moldes do município Z; porque a organização que convém a um município pode comprometer os interesses de outro município que tem interesses diversos. Um município pode viver e tirar seu engrandecimento das indústrias manufatureiras, outro da lavoura, outro da criação, ainda outro de todas essas indústrias ou de mais de uma delas'".

---

[10] HAURIOU, Maurice. *Précis de Droit Administratif et de Droit Public Général*. Cinquième édition. Paris: L. Larose et Forcel, 1903, p. 447-460.

Damos razão ao autor da emenda quanto ao reconhecer aos municípios o direito de se organizarem, e nisto somos coerentes com o que estabelecíamos no «Esboço de organização Política e Administrativa» que, – na qualidade de membro da comissão incumbida pelo governador de Pernambuco, de elaborar a Constituição que devia ser submetida à assembleia do mesmo Estado – apresentamos a dita comissão para base de seu importante trabalho. Aí consagrávamos a liberdade dos municípios se constituírem, fazendo cada um deles mesmos sua lei orgânica, respeitadas a Constituição federal e a do Estado e garantindo-lhes esta o poder de promoverem e zelarem conforme mais conveniente entendessem, tudo quanto se refere à sua vida econômica e administrativa, sem dependência alguma de estranha autoridade, salvo a judiciária por via de recurso ou mediante denúncia ou queixa, nos casos permitidos por lei (Esboço, cit., arts. 11 a 21).

Em decorrência da autonomia reconhecida aos municípios, "desde que o assunto é puramente municipal, não cabe na gestão do Estado, como não cabe na da União o que for puramente estadual. E assim como o próprio Estado é o regulador dos negócios que são exclusivamente seus e estabelece sua «Constituição», seu código fundamental para a gerência desses seus negócios, – igualmente e com o mesmo direito, o município faz sua lei orgânica, seu estatuto basilar, e por ele institui e rege a administração de seus negócios particulares. E esta entrega dos negócios municipais, sem exceção, aos próprios municipais é não somente lógica, num regime federal representativo, como é benéfica e de salutares efeitos. Esta gestão independente e autonômica é própria a dar o maior incremento à vida local. [...] A história ensina que os países de liberdades municipais são os de maior resistência à tirania. É lição para aproveitar-se".[11]

2.1. Autonomia dos municípios na CF/1988

Os municípios, ao lado dos Estados-Membros e do Distrito Federal, compõem a união indissolúvel da República Federativa do Brasil (art. 1°, CF de 1988). Na organização político-administrativa do Estado brasileiro, a União, os Estados, o Distrito Federal e os Municípios são todos autônomos, nos termos da Constituição (art. 18, *caput*, CF de 1988). Dessa forma, com fulcro nas disposições expressas da Carta Magna, as municipalidades detêm autonomia para decidir as matérias que lhe competem, assim como os outros entes federativos, de acordo

[11] BARBALHO, João. *Constituição Federal Brasileira. Comentários.* 2ª ed. Rio de Janeiro: F. Briguiet e Cia Editores, 1924, p. 381-382.

com a distribuição de competências estabelecida pela Constituição da República.

No magistério de Celso Ribeiro Bastos, "o Município é contemplado como peça estrutura do regime federativo brasileiro pelo Texto Constitucional vigente, ao efetuar a repartição de competências entre três ordens governamentais diferentes: a federal, a estadual e a municipal. À semelhança dos Estados-Membros, o Município brasileiro é dotado de autonomia, a qual, para que seja efetiva, pressupõe ao menos um governo próprio e a titularidade de competências privativas. Nos arts. 29 e 30 a Constituição Federal assegura os elementos indispensáveis à configuração da autonomia municipal. [...] O princípio federativo brasileiro se traduz pela autonomia recíproca constitucionalmente assegurada da União, dos Estados Federados e dos Municípios. O Município é peça estrutural do regime federativo brasileiro, à semelhança da União e dos próprios Estados. A Constituição Federal estabelece uma verdadeira paridade de tratamento entre o Município e as demais pessoas jurídicas, assegurando-lhe autonomia de autogoverno, de administração própria e de legislação própria no âmbito de sua competência (arts. 29, I, e 30 e inciso)". Autonomia que se confirma pelo disposto no art. 35, que proíbe a intervenção do Estado nos Municípios, salvo ocorrendo uma das hipóteses autorizadoras".

Desse modo, "o Município pode ser definido como pessoa jurídica de direito público interno, dotado de autonomia assegurada na capacidade de autogoverno e da administração própria. No que toca à repartição de competências entre os três níveis de governo existentes no Brasil, a Constituição adotou o seguinte critério: competem aos Municípios todos os poderes inerentes a sua faculdade de dispor sobre tudo aquilo que diga respeito ao seu interesse local; competem aos Estados-Membros todos os poderes residuais, isto é, tudo aquilo que não lhes foi vedado pela Magna Carta, nem estiver contido entre os poderes da União ou dos Municípios. O conceito-chave utilizado pela Constituição para definir a área de atuação do Município é o de interesse local. Cairá, pois, na competência municipal tudo aquilo que for de seu interesse local. É evidente que não se trata de um interesse exclusivo, visto que qualquer matéria que afete uma dada comuna findará de qualquer maneira, mais ou menos direta, por repercutir nos interesses da comunidade nacional. Interesse exclusivamente municipal é inconcebível, inclusive por razões de ordem lógica: sendo o Município parte de uma coletividade maior, o benefício trazido a uma parte do todo acresce a este próprio todo. Os interesses locais dos Municípios são os que entendem imediatamente com as suas necessidades imediatas, e, indiretamente, em maior ou menor repercussão, com as necessidades gerais".[12]

Segundo José Afonso da Silva, a base constitucional da autonomia é assegurada pelos artigos 18 e 29, garantida contra interferência indevida dos Estados, conforme o art. 34, VII, *c*, da Carta Magna. "Autonomia significa a capacidade ou poder de gerir os próprios negócios, dentro de um círculo prefixado por entidade superior. E é a Constituição Federal que se apresenta como poder distribuidor de competências exclusivas entre as três esferas de governo. As Constituições até agora outorgavam aos Municípios só governo próprio e a competência exclusiva, que correspondem ao mínimo para que uma entidade territorial tenha autonomia constitucional. Agora foi-lhes reconhecido o poder de *auto-organização*, ao lado do *governo próprio* e de *competências exclusivas*, e ainda com ampliação destas, de sorte que a Constituição criou verdadeiramente uma nova instituição municipal no Brasil".

"A autonomia municipal, assim, assenta-se em quatro capacidades: (a) *capacidade de auto-organização*, mediante a elaboração de lei orgânica própria; (b) *capacidade de autogoverno*, pela eletividade do Prefeito e dos Vereadores às respectivas Câmaras Municipais; (c) *capacidade normativa própria*, ou capacidade de autolegislação, mediante a competência de elaboração de leis municipais sobre áreas que são reservadas à sua competência exclusiva e suplementar; (d) *capacidade de auto-administração* (administração própria, para manter e prestar os serviços de interesses locais). Nessas quatro capacidades, encontram-se caracterizadas a *autonomia política* (capacidade de auto-organização e de autogoverno), a *autonomia normativa* (capacidade de fazer leis próprias sobre matéria de sua competência), a *autonomia administrativa* (administração própria e organização dos serviços locais) e a *autonomia financeira* (capacidade de decretação de seus tributos e aplicação de suas rendas, que é uma característica da auto-administração)".[13]

---

[12] BASTOS, Celso Ribeiro. *Curso de Direito Constitucional.* 20ª ed. São Paulo: Saraiva, 1999, p. 310-311.

[13] SILVA, José Afonso da. *Curso de Direito Constitucional Positivo.* 33ª ed. São Paulo: Malheiros, 2010, p. 640-641.

3. Intervenção dos Estados-Membros nos seus municípios

3.1. Introdução

Territorialmente, um conjunto de municípios forma a delimitação do respectivo Estado-Membro, isto é, o Estado federado resulta do conjunto de municípios localizados no seu âmbito regional. Diante disso, há uma relação de interdependência, visto que não há Estado-Membro que não tenha municípios na sua composição geográfica, bem como não há município que não integre o espaço de um Estado-Membro. Esse vínculo afigura-se importante, notadamente quando se trata do instituto intervenção estadual nos municípios.

A intervenção estadual nos seus municípios ocorre em razão do federalismo, visto que os entes que compõem o Estado federal detêm parcela do poder político, e, por consequência, assumem responsabilidades na manutenção do vínculo federativo. À União compete manter a integridade nacional por meio da intervenção federal nos Estados-Membros e no DF. Da mesma forma, cabe aos Estados federados manter a integridade regional mediante a intervenção estadual nos seus municípios. Como se vê, parcela do poder organizatório e mantenedor do Estado federal é repartido entre a União e os Estados-Membros.

Tal fenômeno é salutar, porquanto propicia: i) a divisão do poder entre os entes federativos; ii) a responsabilidade bipartida na salvaguarda do Estado federal; iii) evita-se o assoberbamento de atividades da União em matérias com repercussão regional; iv) maximiza-se o instituto da intervenção, porquanto seria inviável incumbir à União o dever de intervir nos 5.568 municípios brasileiros; v) permite solução imediata e mais eficaz, visto que os Estados-Membros possuem maior proximidade e conhecimento dos problemas que assolam os seu Municípios, de modo a oferecer melhor resposta com a intervenção estadual.

Assim, afigura-se benéfica a intervenção estadual nos municípios e não a intervenção federal sobre as municipalidades. Sem embargo, compete à União intervir nos municípios localizados em Território Federal, já que constitui unidade administrativa da União, bem como conhece-os melhor relativamente às peculiaridades locais.

Impende mencionar que *intervenção estadual* nos municípios distingue da intervenção federal nos Estados-Membros e DF, tanto na esfera da abrangência, quanto às finalidades e hipóteses autorizadoras. Primeiro, a intervenção estadual não se destina a manter a totalidade do espaço geográfico do Estado-Membro, tampouco afastar invasão externa/interna às unidades municipais ou resolver grave comprometimento da paz pública municipal. Segundo, não tem por escopo garantir o livre exercício dos Poderes Legislativo ou Executivo no âmbito municipal. Terceiro, não há um pré-estabelecimento dos princípios constitucionais sensíveis a serem garantidos por meio da intervenção estadual, cabendo à Constituição do Estado-Membro indicar os referidos preceitos elementares (arts. 34 e 35, CF/1988). Com efeito, a intervenção federal tem por objetivo, entre outros, manter a intangibilidade do País (art. 34, I, II e III, CF/1988); garantir o livre exercício dos poderes nas unidades da federação (art. 34, IV, CF/1988); bem como assegurar valores fundamentais no ordenamento jurídico brasileiro (art. 34, VII, *a*, *b*, *c*, CF/1988). Por sua vez, a intervenção estadual ostenta caráter mais restritivo, pois assume função administrativo-financeira (art. 35, I, II e III, CF/1988); destina-se a assegurar princípios genéricos e promover a execução de lei, ordem ou decisão judicial (art. 35, IV, CF/1988).

A despeito das diferenças, a intervenção estadual apresenta notável relevância no robustecimento do federalismo, pois constitui mecanismo assegurador de preceitos federais no âmbito da municipalidade, sendo importante instrumento no âmbito regional.

3.2. Conceito

Etimologicamente, o vocábulo "intervenção" decorre do latim *interventio*, de *intervenire* (assistir, intrometer, ingerir-se), tendo o sentido comum de intromissão, ingerência ou ingresso de uma pessoa em determinado fato ou em alguma matéria já existente. Desse modo, a "intervenção" alude à ideia de entremear-se, interpor-se, inserir-se em algo. Em outras palavras, consiste em interferir em assunto específico, isto é, interpondo-se com poder em matéria de competência de outro ente federativo ou em razão de facultatividade jurídica. Por conseguinte, a intervenção implica colocar-se entre duas coisas, de modo que, com o ingresso do sujeito interveniente, finda por entremear-se em outra relação jurídica subsistente.

Na perspectiva do direito público, a *intervenção estadual* refere-se à intromissão, constitucionalmente autorizada, do governo regional na administração e governo dos Municípios. Essa medida interventiva não significa violência, mas um exercício de poder decorrente da própria Constituição, a fim de restabelecer o equilíbrio na municipalidade federativa.[14]

Com efeito, a *intervenção* alude à ideia de interferir no interior de outro ente, isto é, agir no espaço de competência de outra unidade da federação, atuando em matéria que seria de atribuição desta. Assim, em razão de grave descumprimento previsto na Constituição, exsurge o fenômeno da interferência de um ente federado na esfera de competência de outra unidade, a fim de garantir a permanência dos valores constitucionais. A intervenção também pode ser compreendida como o ingresso de um ente federado na esfera de atuação de outro, isto é, a interferência do poder regional no âmbito do seus Municípios, sempre baseada nas restritas hipóteses constitucionais, com a finalidade de restaurar a ordem jurídica violada.

A intervenção federal nos Estados-Membros e a intervenção estadual nos seus municípios caracteriza-se pela vinculação imediata entre as unidades federativas. Isso porque o ente federado que tiver relação direta com a outra unidade deterá competência para intervir jurídico-constitucionalmente, isto é, a intervenção decorrerá do abarcamento territorial do ente federativo maior sobre o menor. Sendo assim, compete à União (por resultar da junção de todos os Estados-Membros) intervir na esfera de competência dos entes regionais; ao passo que os Estados-Membros (por englobar os Municípios localizados no seu espaço geográfico) são os responsáveis pela intervenção estadual nas municipalidades.

A esse fenômeno denomina-se *princípio do englobamento*, ou seja, a unidade federativa que englobar o outro ente federado no seu âmbito territorial terá competência para intervir nas hipóteses constitucionais, visto que a unidade política de maior abrangência é responsável pela manutenção do vínculo das partes que a ela estão jungidas territorialmente. Assim, as partes político-administrativas que integram imediatamente o conjunto do poder central são por ela fiscalizadas e controladas, como forma de manter a coexistência federativa. Por conseguinte, os Municípios integram a parte territorial dos Estados-Membros, o que justifica a intervenção estadual nos seus Municípios. Nesse caso, o Estado federado assume o papel de poder central em relação aos seus Municípios. Igualmente, os Estados-Membros e o DF encontram-se abrangidos no territorial da União, razão pela qual se justifica a

---

[14] SILVA, De Plácido e. *Vocabulário Jurídico*. 26ª ed. Rio de Janeiro: Forense, 2005, p. 767.

intervenção federal nos Estados e no DF. Aqui, a União exerce o poder central sobre os entes regionais e distrital. À vista disso, pode-se dizer que no fenômeno da intervenção é possível vislumbrar a existência de dois poderes centrais, um no âmbito estadual (poder regional) e outro na esfera federal (poder nacional).

Sem embargo, a decretação de intervenção estadual requer equilíbrio, de modo a manter a coexistência da forma federal adotada, preservando-se o Estado-Membro (resultante da junção dos Municípios) com a autonomia conferida constitucionalmente aos entes municipais.

Na *perspectiva sociológica*, a intervenção estadual assemelha-se a uma instituição social (sociedade), que limita a individualidade e excessos praticados pelos Municípios (sujeitos), a fim de preservar a higidez da municipalidade (função exercida). Ou seja, a intervenção estadual nos municípios exerce o papel da sociedade (Estado-Membro) sobre os indivíduos (Municípios), de modo que a municipalidade observe os preceitos constantes no regime federal brasileiro, que são valores estabelecidos (finalidade interventiva).

Na *perspectiva política*, a intervenção dos Estados-Membros nos seus municípios expressa a atuação do ente político regional sobre o ente político municipal, ou seja, a intromissão da unidade política estadual em detrimento da municipalidade, atingindo a competência conferida à unidade política local. Nesse caso, finda sendo afastada – temporariamente e nas estritas hipóteses constitucionais – as matérias de alçada do Município, que serão exercidas por delegado do Estado-Membro (interventor). Por conseguinte, na vigência da intervenção, suspendem-se momentânea e estritamente as atribuições a cargo inicial da municipalidade, vez que serão realizadas pela unidade regional ante o descumprimento da unidade municipal (art. 35, I, II, III e IV, CF/1988).

Na *perspectiva jurídica*, a intervenção estadual nos municípios denota controle de validade, pois as hipóteses deflagradoras da intervenção constituem ofensa à Lei Fundamental, isto é, implicam contrariedade ao Direito, traduzindo-se em ilicitude. Vale dizer, a intervenção estadual se baseia na ocorrência de ato ilícito praticado por município (vontade livre e consciente), sendo tal conduta deflagradora da medida extrema, ou seja, a interferência é fundada em ato violador do ordenamento jurídico, consistente em: I – deixar de ser paga, sem motivo de força maior, por dois anos consecutivos, a dívida fundada; II – não forem prestadas contas devidas, na forma da lei; III – não tiver sido aplicado o mínimo exigido da receita municipal na manutenção e desenvolvimento do ensino e nas ações e serviços públicos de saúde; IV – o Tribunal de Justiça der provimento a representação para assegurar a observância de princípios indicados na Constituição Estadual, ou para prover a execução de lei, de ordem ou de decisão judicial (art. 35, CF/1988).

Disso resulta que a municipalidade pode praticar ato ilícito previsto constitucionalmente, que seja causador da imposição de medida interventiva. Assim, a intervenção estadual pode originar de ato ilícito motivado pelo próprio Município (*intervenção município-autor*). Verifica-se a *intervenção município-autor* nos casos em que a própria unidade municipal é o agente responsável pelo deflagramento da medida interventiva, ou seja, quando dá causa à própria intervenção mediante prática de atos omissivos contrários ao federalismo. Esses atos omissivos consistem em: deixar de pagar, sem motivo de força maior, por dois anos consecutivos, a dívida fundada; não prestar as contas devidas, na forma da lei; não aplicar o mínimo exigido da receita municipal na manutenção e desenvolvimento do ensino e nas ações e serviços públicos de saúde e, por fim, não observar os princípios indicados na Constituição Estadual ou não executar lei, ordem ou decisão judicial (art. 35, I, II, III e IV, CF/1988). Em outras palavras, ante a prática de conduta contrária à Constituição pela municipalidade, este dá causa à própria intervenção que venha ser imposta pelo Estado-Membro.

Tal modalidade interventiva diferencia-se quando a unidade federada sofre agressão em sua intangibilidade como ente político por fato alheio, ao qual não deu causa, isto é, quando sofre ataque por parte de terceiros, fenômeno denominado de *intervenção estado-vítima*. Esta hipótese se verifica na "intervenção federal em Estado-Membro" quando este último sofre invasão estrangeira em seu território ou caso seja afetado por investida hostil em seu espaço geográfico por outra unidade da federação (inciso II, art. 34, CF/1988), bem como quando o Estado-Membro é acometido de fatos graves que comprometam a ordem pública (inciso III, art. 34, CF/1988). Assim, no âmbito da "intervenção estadual nos municípios", ocorre somente a figura da *intervenção município-autor* (art. 35, I, II, III e IV, CF/1988).

Na *perspectiva finalística*, a intervenção dos Estados-Membros nos seus Municípios se dá em decorrência da necessidade de restaurar a ordem constitucional violada, isto é, a intervenção traduz-se em mecanismo para adentrar na autonomia do ente intervindo com o escopo de obrigar a observância de valores constantes na Lei Fundamental e na Constituição Estadual. A intromissão estadual nos municípios não ocorre imotivadamente; ao contrário, perfectibiliza-se ante a necessidade inafastável de retomar a diretriz constitucional que fora gravemente transgredida. Vale dizer, a intervenção justifica-se tão somente para restabelecer os postulados elementares que regem o país e a unidade regional, de modo que os valores primordiais continuem regendo no âmbito municipal, sob pena de deterioração profunda e até mesmo a ruptura da municipalidade. Sem embargo, como forma de evitar eventuais abusos do poder regional em face da autonomia dos entes municipais, a intervenção é regulada pela Constituição da República e pela Constituição do Estado-Membro, que normatizam as hipóteses excepcionais justificadoras da medida extrema.

Portanto, a intervenção estadual constitui medida excepcional do Estado-Membro com o escopo de manter, indefinidamente, a manutenção do ente municipal conforme os preceitos e cânones estampados na Constituição Federal e Estadual (art. 35, I, II, III e IV, CF/1988). Caso não existisse a medida interventiva, a federação submeter-se-ia a sérios riscos de se autodestruir jurídico-constitucionalmente, haja vista que qualquer ente municipal poderia descumprir valores imanentes (*v.g.* não prestação de contas, negar execução de lei, ordem ou decisão judicial, etc.). Assim, a intervenção revela-se medida salvadora do Estado federal, mantendo a sua própria existência e os elementos que lhe são ínsitos, tornando todos os entes em uma única nação.

4. Princípios da intervenção estadual

A intervenção dos Estados-Membros nos seus Municípios obedece a certos princípios que fundamentam e limitam a própria atuação intromissiva de um ente federado na esfera de competência de outra unidade da Federação.

De acordo com Plácido e Silva, o vocábulo *princípio* "significa as normas elementares ou os requisitos primordiais instituídos como base, como alicerce de alguma coisa. E, assim, princípios revelam o conjunto de regras ou preceitos, que se fixam para servir de norma a toda espécie de ação jurídica, traçando, assim, a conduta a ser tida em qualquer operação jurídica. Desse modo, exprimem sentido mais relevante que o da própria norma ou regra jurídica. Mostram-se a própria razão fundamental de ser das coisas jurídicas, convertendo-as em perfeitos axiomas. Princípios jurídicos, sem dúvida, significam os pontos básicos, que servem de ponto de partida ou de elementos vitais do próprio Direito. Indicam o alicerce do direito".[15]

Assim, a intervenção é regida por princípios que norteiam tão relevante instituto restaurador do Estado federal. Consoante Bernardo Gonçalves, basicamente são três os princípios, quais sejam: a excepcionalidade, a taxatividade e a temporalidade. O *princípio da excepcionalidade* indica que "intervenção sempre será medida excepcional, porque a regra no federalismo é a autonomia do ente, ou seja, a capacidade para o mesmo realizar atividades dentro de limites circunscritos pelo ente soberano. Sem dúvida, a intervenção é a antítese da autonomia. Nesse sentido, a intervenção é uma ingerência na autonomia visando ao reestabelecimento do equilíbrio que foi desvirtuado e, por isso, só pode ser medida excepcional". O *princípio da taxatividade* "indica que as hipóteses de intervenção estão taxativamente previstas na Constituição. Ou seja, fazem parte do rol fechado (*numerus clausulus*)". Por fim, o *princípio da temporalidade* significa que "a intervenção terá sempre prazo determinado, justamente porque a regra é a autonomia. A ingerência buscará o reestabelecimento do equilíbrio. Portanto, no decreto de in-

[15] SILVA, De Plácido e. *Vocabulário Jurídico*. 26ª ed. Rio de Janeiro: Forense, 2005, p. 1.095.

tervenção deve constar o seu prazo determinado. E se dentro do prazo não se conseguir reestabelecer a normalidade? Sem dúvida, poderá haver a prorrogação da intervenção, mediante estipulação de novo prazo (de um termo final)".[16]

Além desses cânones, esta corrente entende que, comumente, a intervenção é regida pelos princípios da "necessidade", "imodificabilidade", "especificidade" e "adequação". Secundariamente – a depender da causa interventiva ou características – aplicam-se os princípios da "condicionalidade", "aprovação legislativa", "ocasionalidade", "aptidão" e "não cassação". O *princípio da necessidade* refere-se à indispensabilidade da intervenção como mecanismo restaurador da ordem jurídico-constitucional violada. Disso resulta que problemas pontuais ou anormalidades insignificantes não justificam a imposição de medida tão drástica como a intervenção de um ente federado em outro, ou seja, a intervenção exige a essencialidade da providência a ser adotada ("necessidade interventiva").

O *princípio da imodificabilidade* alude à impossibilidade de o aplicador do Direito, os Chefes de Poder e o interventor alterarem as regras constitucionais que normatizam e disciplinam o instituto da intervenção estadual nos municípios na perspectiva material. Isto é, a decretação e efetivação da providência deve circunscrever-se aos preceitos constantes na Carta Magna de 1988, não podendo ser suspensas, afastadas ou descumpridas as hipóteses, condições e normas que regem a intervenção, em atendimento ao princípio da supremacia da Constituição – que vincula a todos os cidadãos e autoridades da República. A desobediência a tais pressupostos resulta na inconstitucionalidade do ato, que inclusive pode ser suspenso imediatamente por medida cautelar – exarada pelo Poder Judiciário –, caso haja petição de legitimado. Outrossim, mesmo que haja proposta de emenda à Constituição relativamente ao instituto da intervenção, é necessário que a emenda não tende a abolir a forma federativa de Estado, sob pena de inconstitucionalidade material, nos termos do art. 60, § 4º, I, da CF/1988.

Corolário desse princípio resulta no atendimento à capacidade ativa e passiva dos titulares para decretar e sofrer a intervenção, não podendo ser alteradas ou descumpridas as estritas hipóteses constitucionais, que determinam os sujeitos da medida interventiva – Estados *v.* Municípios. Sem embargo, não há impedimento para que outras autoridades suscitem a decretação de intervenção à autoridade competente, a exemplo de Conselheiro do Tribunal de Contas ou Procurador-Geral do Estado oficiar o Governador para que intervenha em

---

[16] FERNANDES, Bernardo Gonçalves. *Curso de Direito Constitucional.* 9º ed. Salvador: Editora Jus-Podivm, 2017, p. 939-941.

Município ante a não prestação de contas, na forma da lei. Para tanto, basta que a referida autoridade seja autorizada pela lei ou outro ato normativo, como Regimento Interno, Lei Orgânica, etc., visto que os Estados federados possuem competência concorrente para legislar sobre "procedimentos em matéria processual" (art. 24, XI, CF/1988). Nesses casos, a autoridade legitimada apenas "propõe" a intervenção, cabendo o "poder decisório" ao Chefe do Poder Executivo e à Assembleia Legislativa, de modo que não ofenda à Constituição, ao contrário, robustece-se a fiscalização inerente ao republicanismo.

Assim, o princípio da imodificabilidade implica a necessidade de observância rigorosa da competência para decretar e submeter-se à intervenção, sob pena de completa ilegitimidade e consequente nulidade absoluta do ato. Por conseguinte, somente a União pode decretar intervenção federal nos Estados-Membros ou no Distrito Federal, bem como somente os Estados federados podem intervir em seus Municípios. A exceção reside na possibilidade de a União intervir em municípios localizados em Território Federal (arts. 34 e 35 da CF/1988). Consectariamente, é vedado à União decretar intervenção em Município situado em Estado-Membro, porquanto importaria em supressão de competência estadual. Igualmente, Estado-Membro não detém poder e legitimidade para intervir em outro Estado-Membro da Federação ou no Distrito Federal, ante a igualdade federativa. De igual modo, falece competência aos Municípios para intervir em outro ente federado, pois a Constituição não previu semelhante hipótese, da mesma forma que um Município não detém competência para intervir em outro.

Na história constitucional brasileira, é possível constatar exemplo recente de violação ao "princípio da imodificabilidade" interventiva. Tal fato ocorreu durante o regime imposto pela ditadura militar de 1964, como se verifica no art. 3° do Ato Institucional n° 5, de 13 de dezembro de 1968, que facultou ao Presidente da República decretar a intervenção nos Estados e Municípios sem as limitações dispostas na Constituição, sendo nomeados os interventores nos Estados e Municípios pelo Presidente da República para exercer todas as funções e atribuições que cabiam, respectivamente, aos Governadores ou Prefeitos.[17]

Com efeito, o "princípio da imodificabilidade" das regras interventivas revela-se como o cânone de maior destaque na intervenção federal e estadual, porquanto refere-se a todas as normas reguladoras desse instituto, que é imprescindível para a salvaguarda da Federação.

[17] BRASIL. *Ato Institucional nº 5, de 13 de dezembro de 1968*. Disponível em: <http://www.planalto.gov.br/ccivil_03/ait/ait-05-68.htm>. Acesso em 05-01-2020.

Prosseguindo na análise dos postulados, o *princípio da especificidade* significa que ao se decretar a intervenção estadual no Município, exige-se que o decreto especifique a amplitude, o prazo e as condições de realização da medida. Dessa forma, a especificidade refere-se ao conteúdo do ato interventivo, uma vez que o decreto deve indicar o teor da intromissão que será imposta à municipalidade. A especificação das medidas evita o cometimento de abusos e desvios durante a efetivação da ação interventiva, sendo uma garantia ao ente que é submetido à interferência em sua autonomia. Assim, a intervenção de um ente federado em outro deve ser acompanhada da indicação precisa da extensão, da duração e das características da providência (art. 36, I, CF/1988).

Por sua vez, o *princípio da adequação* traduz-se na exigência de ajuste na utilização da medida de acordo com a finalidade almejada, isto é, a escolha da providência interventiva deve ser conforme ao que seja suficiente para restaurar a ordem constitucional violada. A ação definida no decreto interventivo deve ser apta a restabelecer a ordem jurídica, ou seja, a providência deve ser adequada para tanto. Esse preceito é aplicado sobretudo quando a intervenção tiver por objetivo prover a execução de lei federal, ordem ou decisão judicial, bem como quando destinar-se a assegurar a observância dos princípios indicados na Constituição Estadual. Nesses casos, conforme § 3º da CF/1988, o decreto limitar-se-á a suspender a execução do ato impugnado, se essa medida bastar ao restabelecimento da normalidade.

Complementarmente, a depender das características da intervenção, aplica-se que o *princípio da condicionalidade* refere-se a algumas modalidades de intervenção, que são condicionadas ao prévio cumprimento de requisitos deflagradores, isto é, sujeita-se ao implemento de exigências que autorizam a providência interventiva. No âmbito estadual, submete-se a esse princípio a intervenção provocada, haja vista que a medida depende do acolhimento da representação pelo Tribunal de Justiça (art. 35, IV, CF/1988).

Da mesma forma, o *princípio da aprovação legislativa* (art. 36, §§ 1º e 3º, CF/1988), que significa a expressa exigência de que a intervenção decretada de ofício pelo Governador do Estado seja submetida à apreciação do Poder Legislativo estadual (art. 35, I, II e III, c/c art. 36, § 3º, da CF/1988). Desse modo, o decreto interventivo – editado pelo Chefe do Poder Executivo – deve ser avaliado politicamente pelos representantes do povo (Assembleia Legislativa). Nesses casos, o Poder Legislativo analisa a imprescindibilidade e adequação, bem como o atendimento aos requisitos constitucionais – podendo aprovar ou rejeitar o decreto –, de maneira a condicionar a permanência dos efeitos da medida interventiva (art. 36, § 1º, c/c art. 49, IV, CF/1988).

Na mesma toada, o *princípio da ocasionalidade*, que alude à eventual nomeação da figura do interventor na intervenção estadual, visto que somente haverá a designação de agente quando houver necessidade para implementar as medidas, ou seja, a depender da conjuntura (art. 36, § 1°, CF/1988). Corolário desse último é o *princípio da aptidão*, expressando que a autoridade a ser nomeada para executar a intervenção deve ser apta para o bom desempenho da atividade. Assim, o interventor deve ter capacidade técnica e habilidade adequada para concretizar a medida interventiva. Por fim, o *princípio da não cassação*, significando que a intervenção estadual não derroga, por si só, os cargos das autoridades submetidas à intervenção após o término das medidas. Isto é, a intervenção não cassa os cargos anteriormente ocupados, tampouco anula as funções legalmente outorgadas às autoridades afastadas, que poderão voltar a exercê-las quando cessados os motivos da interferência, salvo impedimento legal (art. 36, § 4°, CF/1988).

5. Espécies de intervenção

Majoritariamente, existem duas espécies de intervenção. Esclareça-se que a expressão "espécies de intervenção" alude à ideia de tipo de interferência de um ente federado sobre outro, ou seja, refere-se à natureza em que se classifica a intervenção. Assim, o tipo de intervenção depende da voluntariedade do órgão interventor ou do chamamento pela unidade federada intervinda, classificando-se em *intervenção espontânea* ou *intervenção provocada*, respectivamente.

Na *intervenção espontânea*, a autoridade competente para decretar a medida interventiva age por si só, ou seja, intervém na unidade da federação voluntariamente, bastando a verificação dos pressupostos materiais contidos na Carta Magna. A intervenção espontânea possui como característica a atuação de ofício da autoridade interventora, não sendo necessária prévia suscitação ou convite pelo ente que a ela é submetida.

A espontaneidade da intervenção estadual nos municípios decorre da necessidade de reorganização administrativo-financeira, nos casos taxativamente previstos na Constituição da República, a fim de restaurar a ordem jurídica violada (art. 35, I, II e III, CF/1988). Desse modo, na Constituição Federal de 1988, a intervenção espontânea de Estado-Membro nos seus Municípios ocorre quando: i) deixar de ser paga, sem motivo de força maior, por dois anos consecutivos, a dívida fundada; ii) não forem prestadas contas devidas, na forma da lei; iii) não tiver sido aplicado o mínimo exigido da receita municipal na manutenção e desenvolvimento do ensino e nas ações e serviços públicos de saúde, nas condições estabelecidas na Lei Maior, conforme os incisos I, II e III do art. 35 da CF/1988.

Noutro giro, na *intervenção provocada*, a autoridade competente para decretar a medida interventiva age mediante prévio suscitamento do órgão ou Poder estatal, isto é, a interferência decorre de anterior chamamento ou determinação pelas instituições públicas. Nessa espécie está inserida a *intervenção por provimento*, resultante de representação para assegurar a observância de princípios indicados na Constituição

Estadual ou para prover a execução de lei, ordem ou decisão judicial (art. 35, IV, CF/1988).

A intervenção por provimento é modalidade de intervenção provocada que advém de medida admitida pelo Tribunal de Justiça, decorrente de representação das autoridades competentes do Estado-Membro, para assegurar a observância de princípios indicados na Constituição Estadual, ou para prover a execução de lei, de ordem ou de decisão judicial (art. 35, IV, CF/1988). Ao julgar procedente o pedido formulado na representação interventiva, a decisão do TJ implica mandamento de ordem a ser cumprida, isto é, expressa providência a ser executada. Nesses casos, trata-se de análise jurídica pelo Tribunal de Justiça do Estado-Membro, não havendo julgamento político para assegurar a observância dos princípios sensíveis indicados na Constituição Estadual, tampouco no provimento para garantir a execução de lei, de ordem ou de decisão judicial (art. 35, IV, da CF/1988).

Reitere-se que o art. 36, § 3º, da Carta Magna dispensa a apreciação da medida pela Assembleia Legislativa quando a intervenção tiver por finalidade assegurar a observância de princípios indicados na Constituição Estadual ou para prover a execução de lei, de ordem ou de decisão judicial. Consectariamente, não há julgamento pelas forças partidárias do Poder Legislativo Estadual nas hipóteses interventivas constantes do art. 35, inciso IV, da CF/1988, incidindo, nesses casos, somente análise jurídico-constitucional pelo Tribunal de Justiça do respectivo Estado-Membro, de acordo com os preceitos expressos na Constituição da República.

6. Natureza jurídica da intervenção estadual

A natureza jurídica alude à substância das coisas, ou seja, correlaciona-se à sua própria existência. "A natureza se revela pelos requisitos ou atributos essenciais e que devem vir com a própria coisa. Eles se mostram, por isso, a razão de ser. A natureza da coisa, pois, põe em evidência sua própria essência ou substância, que dela não se separa, sem que a modificação ou a mostre diferente ou sem os atributos, que são de seu caráter. É, portanto, a matéria de que se compõe a própria coisa, ou que lhe é inerente ou congênita".[18]

Dessa forma, a natureza jurídica da intromissão na esfera de autonomia dos entes federativos liga-se às características essenciais que o Direito atribui como existente no instituto da intervenção. Nesse sentido, a natureza jurídica da intervenção biparte-se de acordo com as hipóteses constitucionais deflagradoras da medida interventiva, denotando caráter de *procedimento jurídico-constitucional* ou de *procedimento político-administrativo*.

Essa corrente entende que a intervenção estadual nos municípios possui natureza de *procedimento jurídico-constitucional* quando a hipótese interventiva tiver por objetivo assegurar a observância de princípios indicados na Constituição Estadual ou para prover a execução de lei, de ordem ou de decisão judicial, nos termos do art. 35, IV, c/c art. 36, § 3º, da CF/1988. Nos demais casos previstos na Constituição da República (art. 35, I, II, III), esta doutrina compartilha do conceito de intervenção estadual como "procedimento político-administrativo".

Tal observância é feita porque, tradicionalmente, a intervenção federal e estadual é conceituada – tanto pela doutrina quanto pela jurisprudência – como ostentando natureza jurídica de "procedimento político-administrativo". (Nesse sentido propugnam, entre outros: Ernesto Leme, *A Intervenção Federal*, 1930, p. 25; Rafael Bielsa entende como "ato político ou governativo", *Derecho Constitucional*, 1959, p. 821; Peña de Moraes, *Curso de Direito Constitucional*, 2016, p. 371; Marcelo

---

[18] SILVA, De Plácido e. *Vocabulário Jurídico*. 26ª ed. Rio de Janeiro: Forense, 2005, p. 944.

Novelino reputa como "ato político", *Curso de Direito Constitucional*, 2019, p. 617; José Afonso da Silva entende a intervenção como "ato político", *Curso de Direito Constitucional Positivo*, 1994, p. 423 e André Ramos Tavares, *Curso de Direito Constitucional*, 2016, p. 911). Na conceituação de José Afonso da Silva, a intervenção federal possui natureza de "ato político que consiste na incursão da entidade interventora nos negócios da entidade que a suporta. Constitui o *punctum dolens* do Estado federal, onde se entrecruzam as tendências unitaristas e as tendências desagregantes. A intervenção é antítese da autonomia. Por ela afasta-se momentaneamente a atuação autônoma do Estado, Distrito Federal ou Município que a tenha sofrido. Uma vez que a Constituição assegura a essas entidades a autonomia como princípio básico da forma de Estado adotada, decorre daí que a intervenção é medida excepcional, e só há de ocorrer nos casos nela taxativamente estabelecidos e indicados como exceção ao princípio da não intervenção".[19]

Igualmente, para André Ramos Tavares, a intervenção federal no estado-membro possui "natureza político-administrativa", consistindo em medida destinada à manutenção do pacto federativo, independentemente da pessoa responsável pelos atos ensejadores da intervenção. A intervenção federal não significa imposição de pena ao Chefe do Poder Executivo, de modo que, eventual renúncia deste não impede que a intervenção se implemente. Isso porque, a medida extrema tem por escopo o restabelecimento da ordem.[20] No magistério de Peña de Moraes, a intervenção federal possui natureza jurídica de "procedimento político-administrativo, deflagrado por ato praticado no exercício do poder, vinculado ou discricionário, em que se encontra investida a Chefia do Poder Executivo da entidade interveniente, sob a forma de decreto. Não se confunde a intervenção federal com o emprego das Forças Armadas no território nacional para os objetivos do art. 142 da CRFB. Nesta, há atribuição de ação tópica à força federal sobre fatos perturbadores da lei e da ordem. Naquela, há a assunção do controle político-administrativo do Estado ou do Distrito Federal pela União".[21]

Sem embargo, esta corrente entende que a intervenção possui caráter híbrido, haja vista que certas modalidades interventivas contêm natureza de "ato político", ao passo que outras ostentam natureza de "ato jurídico". A esse respeito, Fávila Ribeiro assinala: "poder-se-á dividir em dois grupos principais o sistema de decretação da intervenção:

---

[19] SILVA, José Afonso da. *Curso de Direito Constitucional Positivo*. 9ª ed. São Paulo: Malheiros, 1994, p. 423-424.

[20] TAVARES, André Ramos. *Curso de Direito Constitucional*. 14ª ed. São Paulo: Saraiva, 2016, p. 911.

[21] PEÑA DE MORAES, Guilherme. *Curso de Direito Constitucional*. 8ª ed. São Paulo: Atlas, 2016, p. 371.

por **soluções políticas** e por **soluções jurídicas**. Aplicam-se soluções políticas para remover óbices materiais que estorvam o normal funcionamento do Estado, nas lindas de sua autonomia. Para a decretação da intervenção nesse caso, ao Governo Federal cabe apenas verificar a incidência do fato e decidir pela sua conveniência e oportunidade, dando, assim à mesma conteúdo político. Cabem soluções jurídicas quando os Estados exorbitam do seu poder de auto-organização, não plasmando as suas estruturas com observância das características essenciais do regime. [...] O critério de aferição é bem diferente, sendo mister averiguar, por processos jurídicos, se ocorre deformação de caráter estrutural no Estado, em colisão com os princípios enumerados no art. 7º, VII, [CF 1946]. A deliberação não envolve aspectos de conveniência e oportunidade, estando circunscrita à apuração da existência de deformações nas instituições estaduais, por método de análise, por confrontações, por aplicação de regras de hermenêutica".[22] (Grifei)

Fávila Ribeiro assevera que "a fórmula vigente representa uma elaboração original do constitucionalismo brasileiro, resultante das próprias condições nacionais, primando, sobretudo, pelo esmero com que os poderes atuam, cada um deles exercitando a parcela de atividade que materialmente lhe é inerente, com um entrosamento verdadeiramente harmonioso" [...]. "O ponto culminante em ambas as constituições é, inquestionavelmente, o de haverem deslocado essa matéria da área exclusivamente política para a área predominantemente **jurídica**". Assim, consideradas todas as hipóteses constantes na Carta Magna que autorizam a decretação de intervenção federal da União em Estado-Membro, a intervenção possui natureza de "medida político-**jurídica**". "O controle **jurídico** nos casos que demandam verificar a infringência de princípios constitucionais nas estruturas estaduais pertence ao Supremo Tribunal Federal".[23] (Grifei)

De igual modo, nos Comentários à Constituição de 1946, Pontes de Miranda preleciona que a representação interventiva – ao expressar instrumento de "apreciação de inconstitucionalidade como parte de processo de intervenção" – "não se trata de julgamento político, e sim de **julgamento jurídico**, como qualquer outro".[24] (Grifei) Consectariamente, a intervenção federal destinada a assegurar a observância dos princípios constitucionais sensíveis possui natureza de "ato jurídico", sendo resultado de julgamento realizado pelo Supremo Tribunal Federal, não havendo decisão política na apreciação da matéria.

[22] RIBEIRO, Fávila. *A Intervenção Federal nos Estados*. Fortaleza: Editora Jurídica, 1960, p. 87-88.

[23] Ibid., p. 88, 92 e 101-102.

[24] MIRANDA, Pontes de. *Comentários à Constituição de 1946*. 2ª ed. Vol. I. São Paulo: Max Limonad, 1953, p. 488.

No âmbito regional, cabe ao Tribunal de Justiça apreciar se foram observados ou não os princípios indicados na Constituição Estadual, se foi provida ou não a execução da lei, ordem ou decisão judicial, nos termos do art. 35, IV, da Carta Magna. Nesses casos, o Poder Judiciário Estadual não realiza apreciação "política" acerca do cumprimento ou descumprimento da Constituição, até porque não é o órgão competente para tanto. Assim, nessas hipóteses, o Tribunal de Justiça promove tão somente julgamento "jurídico" e "fático" do caso posto a seu exame (circunstâncias), porquanto incumbe aos Poderes Legislativo e Executivo formular escolhas ideológicas ou interesses partidários, falecendo total competência aos integrantes da judicatura.

Tal sistemática coaduna-se com o princípio interpretativo da *correção funcional*, aplicável na interpretação da Constituição. Nesse sentido, conforme Konrad Hesse, "se a Constituição regula, de certa maneira, a competência dos agentes das funções estatais, o órgão de intepretação deve manter-se no marco das funções que lhe são atribuídas; esse órgão não deverá modificar a distribuição de funções pela forma e resultado dessa interpretação". Esse princípio aplica-se principalmente nas relações entre o legislador e o tribunal constitucional.[25]

Desse modo, os intérpretes devem interpretar a Constituição como um sistema coerente e ponderado de repartição de competências, não podendo os seus aplicadores chegar a resultados que alterem o "esquema organizatório funcional" nela estabelecido, a exemplo do princípio da separação dos Poderes. Vale dizer, os aplicadores do direito devem interpretar as normas constitucionais de acordo com as funções atribuídas a cada órgão ou esfera de poder, de modo cada um atue no seu âmbito de competência, sem invadir ou aniquilar a função das demais autoridades públicas.[26]

Portanto, a intervenção estadual nos seus municípios terá natureza jurídica de "*procedimento político-administrativo*" quando se tratar de intervenção nas hipóteses previstas nos incisos I, II e III do art. 35 da CF/1988, visto que, tanto a decretação da medida pelo Governador do Estado quanto a aprovação do decreto pela Assembleia Legislativa perpassam por análise política a cargo do Poder Executivo e do Poder Legislativo. Contudo, a intervenção estadual terá natureza de "*procedimento jurídico-constitucional*" quando se tratar de intervenção fundada na hipótese constante no inciso IV do art. 35 da CF/1988, uma vez que

[25] HESSE, Konrad. *Temas Fundamentais do Direito Constitucional*. Tradução de Carlos dos Santos Almeida, Gilmar Ferreira Mendes e Inocêncio Mártires Coelho. São Paulo: Saraiva, 2009, p. 115.

[26] MENDES, Gilmar Ferreira; COELHO, Inocêncio Mártires; BRANCO, Paulo Gustavo Gonet. *Curso de Direito Constitucional*. São Paulo: Saraiva, 2007, p. 109.

a decisão se baseia no exame de matéria jurídica afeta exclusivamente ao Poder Judiciário.

Vale dizer, a intervenção destinada a assegurar a observância de princípios indicados na Constituição Estadual ou para prover a execução de lei, de ordem ou de decisão judicial depende do acolhimento de representação das autoridades regionais ao respectivo Tribunal de Justiça, isto é, a intromissão perpassa pelo crivo de órgão com feição jurídica. Nesses casos, a intervenção estadual depende tão somente de diagnóstico a ser aferido pelos órgãos competentes, cabendo ao Poder Judiciário julgar com base nas normas jurídicas, e não em questões políticas – pois matérias desta estirpe são alheias aos magistrados, sob pena de grave intromissão na competência dos Poderes Legislativo e Executivo. Além disso, a intervenção para assegurar a observância de princípios indicados na Constituição Estadual ou para prover a execução de lei, de ordem ou de decisão judicial não se submete à aprovação pela Assembleia Legislativa, isto é, a Lei Fundamental dispensou expressamente a análise política para efetivação de providência nessa modalidade interventiva (art. 36, § 3º, CF/1988), denotando o caráter jurídico.

7. Classificação da intervenção estadual

A classificação afigura-se importante para indicar os grupos aos quais integram determinada espécie interventiva, categorizando-as de acordo com as peculiaridades que as distingue. Ao se classificar as modalidades de intervenção estadual nos municípios, facilita-se a sua compreensão e identificação de características que lhe são inatas.

É cediço que intervenção do Estado-Membro ocorre quando algum dos seus municípios descumpre deveres impostos pela Constituição Federal ou inobserva princípios indicados na Constituição Estadual, fazendo-se necessário que o poder regional utilize meios coercitivos para o restabelecimento da ordem jurídica violada, com o escopo de cessar os efeitos do ato ilícito. Diante disso, a classificação interventiva variará conforme a hipótese constitucional autorizadora da intromissão do Estado-Membro na esfera de competência dos seus Municípios.

No âmbito estadual, verifica-se a *intervenção substitutiva*, que sucede quando o Estado-Membro substitui o ente federado municipal em matéria de competência deste último. O poder regional substitui o ente intervindo em decorrência de ação ou omissão jurídica do Município, descumprindo preceitos constitucionais expressos, de maneira que a intervenção é utilizada para garantir o atendimento da norma constitucional. Tal modalidade verifica-se nos incisos I, II, III e IV do art. 35 da CF/88, ocasião em que o Estado federado atua na esfera de competência do Município, substituindo-o, com o escopo de: pagar a dívida fundada; proceder à prestação de contas; aplicar o mínimo da receita tributária municipal nas ações e serviços públicos de saúde e assegurar a observância de princípios indicados na Constituição Estadual ou prover a execução de lei, de ordem ou de decisão judicial.

Outrossim, sob a *perspectiva finalística*, a intervenção estadual tem por objetivo "reparar" atuação institucional dos seus municípios na respectiva área de competência, ou seja, destina-se a corrigir atos municipais que tenham descumprido preceito elementar estabelecido na Constituição Federal ou na Constituição Estadual, conforme as hipóteses excepcionais autorizadoras da medida interventiva. Neste caso, a intervenção do Estado-Membro nos seus Municípios tem o escopo de restabelecer a ordem jurídica violada, remediando-a.

Desse modo, a *intervenção reparadora* age restaurando os valores constitucionais transgredidos pelo município. Esta modalidade é prevista nos incisos I, II, III e VI do art. 35 da CF/88, isto é, o Estado-Membro intervém na municipalidade quando: I – deixar de ser paga, sem motivo de força maior, por dois anos consecutivos, a dívida fundada; II – não forem prestadas contas devidas, na forma da lei; III – não tiver sido aplicado o mínimo exigido da receita municipal na manutenção e desenvolvimento do ensino e nas ações e serviços públicos de saúde; IV – o Tribunal de Justiça der provimento a representação para assegurar a observância de princípios indicados na Constituição Estadual, ou para prover a execução de lei, de ordem ou de decisão judicial.

Quanto ao *objeto propulsor* da intervenção estadual, esse funda-se em "ato" omissivo ou comissivo de origem municipal. A expressão "ato" consiste na manifestação de vontade do município que provoque efeitos jurídicos constitucionais, de modo a subsumir-se em hipótese autorizativa de intervenção estadual. Assim, *ato* significa a ação ou omissão consciente da municipalidade que seja desconforme à ordem jurídica, expressando conduta violadora de preceitos constitucionais. Neste caso, colmatam-se à aludida modalidade o ato municipal omissivo de deixar de ser paga, sem motivo de força maior, por dois anos consecutivos, a dívida fundada (inciso I, art. 35); o ato municipal omissivo de não prestar as contas devidas, na forma da lei (inciso II, art. 35); o ato municipal omissivo de não aplicar o mínimo exigido da receita municipal na manutenção e desenvolvimento do ensino e nas ações e serviços públicos de saúde (inciso III, art. 35); e o ato municipal comissivo violador de princípios indicados na Constituição Estadual ou objetor de execução de lei, de ordem ou de decisão judicial (inciso IV, art. 35).

No que concerne ao *modo de realização*, a intervenção estadual caracteriza-se pela natureza "tênue", pois a finalidade e os instrumentos utilizados na efetivação da medida interventiva são brandos. Na *intervenção tênue*, utilizam-se meios suaves para restaurar a ordem jurídica infringida. Neste caso, basta o uso de mecanismos de pouca intensidade para remediar o fato ilícito constitucional, a exemplo da intervenção com o objetivo de prover a execução de lei, ordem ou decisão judicial, porquanto o próprio ato interventivo pode dar provimento à norma ou decisão judicial não cumprida. Ou seja, a resolução do desatendimento constitucional se dá mediante aplicação de instrumentos normativos ou de decisões documentais que efetivam o ordenamento jurídico ao anular ou proferir outra decisão válida constitucionalmente. Por exemplo, se a municipalidade nega execução à lei ou decisão judicial que concede determinado direito ao impugnante, o órgão competente responsável por decidir a intervenção ou a própria autoridade interventora pode executar a lei ou a decisão judicial preterida e conceder o direito vindicado na aludida lei ou provimento jurisdicional. Desse modo, restaura-se a ordem jurídica, alcança-se o bem jurídico tutelado e minora-se a intensidade e consequências da intervenção estadual, atendendo-se ainda ao princípio da proporcionalidade.

Assente-se a imprescindibilidade de observância do princípio da proporcionalidade na decisão de decretar a intervenção estadual (apreciação da medida), bem como na utilização dos instrumentos efetivadores da providência (mecanismos a serem aplicados). Consectariamente, impõe-se que a intervenção atenda aos requisitos da pertinência ou aptidão *(Geeignetheit)*, consistindo no "meio certo para levar a cabo um fim baseado no interesse público"; observe a necessidade *(Erforderlichkeit)*, não podendo a medida exceder "os limites indispensáveis à conservação do fim legítimo que se almeja"; por fim, o atendimento da proporção entre os meios utilizados com a finalidade buscada.[27]

No que alude à *abrangência*, a intervenção pode ser total ou parcial. A *intervenção total* traduz-se na atuação de um ente federado em outro na esfera completa de Poder, de modo a dirigir-lhes a estrutura organizacional como um todo. A interferência abrange o conjunto de competências do ente intervindo com o escopo de reorganizá-lo funcionalmente. Nesses casos, o interventor substitui o Chefe de Poder nas funções que não são exclusivas, resultando no afastamento da autoridade regional ou local. Por sua vez, a intervenção estadual nos municípios é parcial, haja vista o caráter restrito do alcance das medidas interventivas previstas na Constituição da República. A *intervenção parcial* significa a interferência do Estado-Membro nos seus Municípios limitadamente a uma área ou seguimento específico, isto é, a intervenção é restrita a determinada extensão ou matéria de competência do ente federado municipal. Por conseguinte, tal modalidade permite atuação simultânea do interventor e do Chefe de Poder Municipal nas áreas em que não estejam abrangidas pela intervenção. Logicamente, se a atividade funcional do Prefeito prejudicar ou impedir a intervenção estadual, o Chefe do Poder Executivo local deverá ser afastado, a fim de permitir a efetivação da providência interventiva.

Relativamente aos *órgãos suscetíveis de interferência* no âmbito da municipalidade, apenas os Poderes Legislativo ou Executivo municipal podem sofrer intervenção estadual, visto que os Municípios não detêm Poder Judiciário próprio. O Poder Judiciário que atua no âmbito dos Municípios é organizado e mantido pela União ou pelos

---

[27] BONAVIDES, Paulo. *Curso de Direito Constitucional*. 24ª ed. São Paulo: Malheiros, 2009, p. 396-398.

Estados-Membros, de modo que os órgãos jurisdicionais não integram a estrutura administrativa, jurídica ou institucional das municipalidades. Dessa forma, as hipóteses interventivas traçadas no art. 35, incisos I a IV, da CF/1988, destinam-se a aplicar os aludidos preceitos na esfera dos poderes municipais Executivo e Legislativo, executando-se no Município omissivo ou recalcitrante os postulados da Constituição Federal/Estadual, as leis, as ordens ou decisões judiciais descumpridas por órgão componente da Câmara de Vereadores ou da Prefeitura.

8. A intervenção é obrigatória ou facultativa?

É antiga a discussão acerca da obrigatoriedade ou facultatividade da intervenção de um ente federativo em outro. Considerando o "princípio da simetria", afigura-se útil perscrutar a intervenção federal nos Estados-Membros e a intervenção estadual nos seus Municípios.

Comumente, a doutrina baseava-se nos vocábulos presentes no texto constitucional, a exemplo do art. 6º da Constituição de 1981, cuja redação estabelecia que "o Governo Federal não poderá interver em negócios peculiares aos Estados, salvo:" [...]. Nesses casos, entendia-se que quando presentes as hipóteses constantes do art. 6º, era dever intervir, pois se tratava de exceção constitucional garantidora do Estado federal. A esse respeito, o saudoso Aurelino Leal assinala: "Como, porém, há casos em que afetada a vida do Estados, graves reflexos podem atuar sobre a União, não é possível a esta desperceber-se da situação das unidades que a compõem. Nasce daí o direito excepcional de intervenção, que é, fundamentalmente, um movimento de defesa da União em seu próprio favor, antes que em favor do Estado".[28] De maneira expressa, Carlos Maximiliano assevera: "Verificando-se de modo inequívoco algum dos casos do art. 6º [CF 1891], é obrigatória; porque os agentes dos poderes públicos, como tais, não têm direitos, só tem deveres, visto que a lei só lhes confere aqueles como meios de cumprirem estes. Se, ao contrário, o caso é duvidoso, o poder central deve abster-se, porque a intervenção é exceção e, na dúvida, é a regra o que se deve presumir. [...] Há a proibição geral; nos quatro casos excepcionais é um dever intervir. Em regra, a palavra 'pode' será entendida como 'deve', isto é, como impondo um dever imperativo, todas as vezes que for empregada em lei para conferir uma atribuição cujo exercício tenha importância para o fim de proteger os interesses públicos ou particulares".[29]

---

[28] LEAL, Aurelino. *Theoria e Prática da Constituição Federal Brasileira*. Parte Primeira. Rio de Janeiro: F. Briguiet e Cia. Editores, 1925, p. 60.

[29] MAXIMILIANO, Carlos. *Comentários à Constituição Brasileira*. 2ª ed. Rio de Janeiro: Jacintho Ribeiro dos Santos, 1923, p. 148.

Na lição de Pontes de Miranda, "a União só tem o direito de intervir nas espécies que a Constituição aponta, com o que se limita a autonomia dos Estados-Membros; e o dever de intervir, porque aqueles casos constituem, a juízo do legislador constituinte, irregularidades graves. Contudo, não há direito a exigir-se que se dê a intervenção, direito que pudesse ser invocado em juízo. O que pode intervir, intervém, desde que o queira, de modo que é preciso concorram querer e poder. Isso não significa que não possa ser responsabilizado o Presidente da República, que a negue, quando seja o caso, desde que o seu ato caiba nos casos previstos pela Constituição como responsabilidade, ou que aqueles que votam no sentido da denegação não possa incorrer, por atos criminosos, fora a liberdade de voto, em sanções penais. [...] A intervenção nos Estados-Membros, como todo ato político, é facultativa; porém não recebemos muito à letra o conceito de facultatividade. Há abuso de direito, há abuso da própria facultatividade, que constitui crime de responsabilidade [...]. Nos casos em que é preciso a aprovação pelo Congresso Nacional, o voto, em si, não comporta imputabilidade criminal. Tratando-se de requisição pelo Supremo Tribunal Federal, a abstinência é suscetível de ser classificada como figura penal, com a respectiva sanção. Se o Presidente da República desatende, a questão passa ao terreno da responsabilidade".[30]

Paulino Jacques esclarece o debate doutrinário entre o dever de decretar a intervenção ou apenas o direito de decretá-la: "Epitácio Pessoa, como notamos, sustentava que era um dever, desde que fosse caso dela; enquanto Rui, um direito, cujo exercício dependia do exame do caso em face da Constituição e dos fatos alegados. Viveiros de Castro encontrou uma fórmula mista: a intervenção federal era um direito-dever, cuja realização ficava na dependência dos requisitos constitucionais. Com Epitácio ficaram Carlos Maximiliano (*Comentários à Constituição Brasileira*, vol. I, p. 211) e Temístocles Brandão Cavalcanti (*A Constituição Federal Comentada*, vol. II, p. 172); com Rui, permaneceram Pontes de Miranda (*Comentários à Constituição de 1946*, vol. I, p. 357); Pedro Calmon (*Curso de Direito Constitucional Brasileiro*, p. 7; *Intervenção Federal*, p. 38 e segs.); e com Viveiros, Ernesto Leme (*Intervenção Federal*, p. 40 e segs.), entre outros". Por fim, Paulino Jacques assevera que "a melhor doutrina, em nosso entender, é a de Viveiros de Castro, porque se o Presidente da República, em certos casos (art. 7º, itens I, II e III da Constituição Federal de 1946) intervém, *ex officio* (dever); noutros (itens IV e V), só o faz mediante requisição (direito);

[30] MIRANDA, Pontes de. *Comentários à Constituição de 1967*. Com a Emenda n. I, de 1969. Tomo II. 2ª ed. São Paulo: Revista dos Tribunais, 1973, p. 192 e 200-201.

como ainda, em outros (itens VI e VII), depois de decretada a medida pelo Congresso Nacional (dever)".[31]

Por último, nos *Comentários à Constituição de 1988*, Pinto Ferreira preleciona: "A propósito do significado do texto constitucional, poder-se-iam lembrar essas palavras expressivas de Sutherland nos *Estatutes and statutory construction* (1904, § 640): 'Em regra a palavra pode ser entendida como deve, isto é, como impondo um dever imperativo todas as vezes que for empregada em lei para conferir uma atribuição cujo exercício tenha importância para o fim de proteger os interesses públicos ou particulares. Da intenção deduzida do contexto e também revelada pela natureza do ato com o qual se ache em conexidade a palavra empregada depende o saber se esta é imperativa, ou meramente permissiva'. Ou ainda esta outra explicação de Ihering em seu 'Espírito do direito romano': 'A forma imperativa, isto é, a forma prática imediata de uma ordem ou proibição, é a forma regular sob a qual o Direito aparece nas leis. Pouco importa, aliás, que a expressão seja imperativa ou não; o caráter imperativo jaz na própria coisa, na ideia".[32]

Dito isso, imperioso discorrer sobre o decreto interventivo, que poderá ser discricionário ou vinculado, repercutindo diretamente na facultatividade ou obrigatoriedade da intervenção. Com espeque no magistério abalizado de Cretella Jr., "o veículo jurídico da intervenção – o decreto – é ato administrativo, em si e por si, mesmo que não seja aprovado pelo Congresso Nacional e, portanto, dotado de auto-executoriedade, irradiando efeitos concretos, atuando no mundo jurídico, assim que publicado. Se o decreto presidencial intervencionista é editado para repelir invasão estrangeira em Estado-Membro, ou para repelir invasão de forças de um Estado-Membro em outro, a auto-executoriedade do decreto permite o imediato transporte de contingentes das forças armadas, das três armas, para o ponto conturbado. O mesmo ocorre, quando existe perturbação efetiva da ordem pública e o Estado-Membro é importante para restabelecer a normalidade. Examinado o decreto pelo Congresso Nacional, duas hipóteses, e só duas, podem ocorrer: a aprovação ou a desaprovação da iniciativa presidencial. Qual a natureza jurídica da aprovação? Para alguns, a aprovação é novo ato administrativo, homologatório, verdadeiro referendo do ato principal. Para outros, é a segunda parte do ato complexo de intervenção, que se aperfeiçoa apenas quando é aprovado, porque para seu nascimento é indispensável, sempre, a participação de dois órgãos, o Presidente e o Congresso. Ora, o Congresso Nacional pode desaprovar o decreto do

[31] JACQUES, Paulino. *Curso de Direito Constitucional*. 9ª ed. Rio de Janeiro: Forense, 1983, p. 175.

[32] FERREIRA, Pinto. *Comentários à Constituição Brasileira*. 2º Volume – Arts. 22 a 53. São Paulo: Saraiva, 1990, p. 308.

Presidente da República, sem consultá-lo, o que descaracteriza o ato complexo. Além disso, anulado o ato presidencial de intervenção, o desfazimento opera *ex nunc*, jamais *ex tunc*, o que revela que o decreto e ato administrativo simples, cujos efeitos começam a irradiar antes da apreciação do Congresso Nacional. O decreto, sendo ato administrativo, é dotado de auto-executoriedade, ou seja, de imediata aplicação, assim que publicado". Por fim, o professor arremata: "A decretação da intervenção é discricionária ou vinculada. A decretação discricionária depende de solicitação, quando determinada por impedimento ou coação do Legislativo ou do Executivo estadual. A decretação da intervenção é vinculada, quando depende de requisição".[33]

No que concerne à natureza jurídica da aprovação do decreto pelo Congresso Nacional, afora ato homologatório ou de ato complexo, há que se mencionar a natureza jurídica do decreto quando for desnecessário o exame pelo Poder Legislativo. Sendo assim, esta corrente entende pela existência de outra modalidade de natureza jurídica do ato interventivo, consistente em *decreto executório*, que se verifica nos casos em que o decreto for dispensado de apreciação pelo Poder Legislativo. Isso porque quando o Presidente da República decreta a intervenção federal fundada em desobediência de ordem ou decisão judiciária, em decorrência de requisição do Supremo Tribunal Federal, do Superior Tribunal de Justiça ou do Tribunal Superior Eleitora, a intervenção é obrigatória, devendo o Presidente da República tão somente executar a ordem emanada pelo Poder Judiciário.

De acordo com Pontes de Miranda, nesse caso o "Supremo Tribunal Federal ou o Superior Tribunal Eleitoral não profere decisão declarativa, mas constitutiva (da intervenção). O decreto do Presidente da República é, então, integrativo de julgamento, como o ato do 'cumpra-se que se opõe às cartas precatórias. Na Constituição de 1891, emendada em 1925-1926, art. 6°, § 2°, já se distinguiam a 'requisição' pelo Supremo Tribunal Federal e a 'solicitação' pelo poder estadual, ainda local. Hoje, só o Poder Executivo ou o Legislativo solicita".[34]

Igual fenômeno se dá quando a intervenção federal decorre de provimento, pelo Supremo Tribunal Federal, de representação do Procurador-Geral da República para assegurar a observância dos princípios constitucionais sensíveis ou para promover a execução de lei federal, que impõe a execução da decisão jurisdicional (art. 36, II e III, c/c. art. 34, VII, CF/1988).

---

[33] CRETELLA JÚNIOR, José. *Comentários à Constituição Brasileira de 1988*. Vol. IV. Arts. 23 a 37. 2ª ed. Rio de Janeiro: Forense Universitária, 1992, p. 2096-2099.

[34] MIRANDA, Pontes de. *Comentários à Constituição de 1946*. 2ª ed. Vol. I. São Paulo: Max Limonad, 1953, p. 491.

É cediço que o vocábulo "execução" deriva do latim *exsecutio*, de *exsequi*, tendo o sentido de "seguir até o fim, proceder judicialmente, perseguir. Significa assim o ato ou a ação, que não vem isolada. Surge como complemento, comprimento ou conclusão de coisa ou de fato já existentes anteriormente. Pela execução, assim, completa-se, conclui-se ou cumpre-se o que anteriormente estava determinado, decidido ou projetado. Em qualquer aspecto, pois, que significar o ato que vem para cumprir ou completar alguma coisa ou para compelir alguém a cumprir ou completar o que era de seu dever".[35] Portanto, quando o Presidente da República decreta a intervenção federal no caso de desobediência à ordem ou decisão judiciária, por força de requisição do STF, do STJ ou do TSE, assim como intervém baseado em provimento pelo STF para assegurar os princípios constitucionais sensíveis, trata-se de ato de natureza executória, porquanto o Chefe do Poder Executivo apenas cumpre determinação judicial. Como dito, quando a intervenção é fundada em tais casos, dispensa-se a aprovação do Congresso Nacional, isto é, não há controle político, mas sim execução de ato ordenado pelo Poder Judiciário, sendo a medida executória (art. 36, II e III, § 3º, c/c art. 34, VI e VII, CF/1988).

Esclarecidas essas questões, devem-se mencionar os casos nos quais a intervenção afigura-se obrigatória ou facultativa. Com efeito, a **intervenção obrigatória** se dá quando a medida se afigura inafastável pela autoridade competente, isto é, por se tratar de exigência decorrente de dever institucional. Nesse caso, a intervenção não pode ser desatendida pela autoridade executora, porquanto se trata de uma obrigação legal. Para essa corrente, a intervenção federal em Estado-Membro será obrigatória para garantir o livre exercício do Poder Judiciário nas unidades da federação, por força de requisição do Supremo Tribunal Federal, se a coação for exercida contra o Poder Judiciário. Nesse caso, trata-se de ordem emanada pelo STF, devendo o mandado executório ser cumprido mediante edição de decreto pelo Presidente da República. Consoante De Plácido e Silva, o vocábulo "requisição" decorre do latim *requisitio*, de *requirere*, significando 'requerer', expressando o sentido de pedir com autoridade ou exigir. "A requisição, neste sentido, é a exigência legal ou a ordem emanada da autoridade para que se cumpra, para que se faça ou para que se preste o que é exigido, ordenado ou pedido".[36] Assim, a requisição proveniente do Supremo Tribunal Federal deve ser atendida, expressando obrigatoriedade. Não obstante a decretação pelo Chefe do Poder Executivo, a manutenção dos efeitos da intervenção sujeita-se à apreciação pelo Congresso Nacional, eis que

[35] SILVA, De Plácido e. *Vocabulário Jurídico*. 26ª ed. Rio de Janeiro: Forense, 2005, p. 576.
[36] Ibid., p. 1210.

a modalidade interventiva constante no art. 34, IV, da CF/1988 não dispensa o exame pelo Poder Legislativo, conforme art. 36, § 3°.

Quando a providência tiver por finalidade prover a execução de lei federal, ordem ou decisão judicial, a decretação de intervenção federal será obrigatória. No primeiro caso, a intervenção dependerá de provimento, pelo Supremo Tribunal Federal, de representação do Procurador-Geral da República (art. 36, III, parte final, CF/1988). Quando se tratar de recusa a ordem ou decisão judicial, a intervenção federal dependerá de requisição do Supremo Tribunal Federal, do Superior Tribunal de Justiça ou do Tribunal Superior Eleitoral, conforme a decisão versar sobre matéria constitucional, infraconstitucional ou eleitoral, respectivamente. Nesse sentido, Cretella Jr. também entende pela obrigatoriedade, sendo a requisição um ato vinculado. "Feita a requisição pelo Supremo Tribunal Federal, o Presidente da República é obrigado a decretá-la, pois o decreto é ato predeterminado ou vinculado, a saber, preenchidos os requisitos para a decretação, o poder competente é obrigado a editar o ato".[37] Igualmente, foi o entendimento do Instituto dos Advogados, proferido em 1905, após estudos sobre a primeira Constituição republicana: "o Poder Executivo é obrigado a intervir sempre para assegurar a execução das leis e sentenças federais".[38]

A intervenção federal em Estado-Membro também será obrigatória quando destinar-se a assegurar os princípios constitucionais sensíveis, consistentes na forma republicana, sistema representativo e regime democrático; direitos da pessoa humana; autonomia municipal; prestação de contas da administração pública, direta e indireta; e para garantir a aplicação do mínimo exigido da receita tributária em atividades de manutenção de ensino e serviços de saúde (art. 34, VII, CF/1988). Essa modalidade de intervenção depende da representação interventiva proposta pelo Procurador-Geral da República ser julgada procedente pelo Supremo Tribunal Federal, por decisão de pelo menos seis Ministros, consoante arts. 2° e 10 da Lei n° 12.562/2011. Com efeito, esses assuntos são basilares na manutenção do Estado federal, tornando imprescindível o processo e julgamento da ação por um tribunal independente que represente a cúpula do Poder Judiciário. A esse respeito, Hans Kelsen assinala: "a ideia do Estado federativo é justamente que a existência, isto é, a esfera jurídica dos estados-membros, seja garantida, bem como a do assim-chamado Estado central (federal). A apuração do fato ilícito através de um tribunal independente é, por certo, plenamente compatível em teoria com a intervenção federal [...] O

[37] CRETELLA JÚNIOR, José. *Comentários à Constituição Brasileira de 1988*. Vol. IV. Arts. 23 a 37. 2ª ed. Rio de Janeiro: Forense Universitária, 1992, p. 2106.

[38] INTERVENÇÃO NOS ESTADOS. *Documentos Parlamentares*. 6° Volume. Rio de Janeiro: Jornal do Comércio, 1916, p. 267.

órgão encarregado de apurar se um estado-membro violou os deveres que lhe impõe a Constituição será sempre – com respeito a sua função – um órgão da Constituição total [...] Trata-se pois de uma função regulada pela Constituição total, para sua defesa".[39]

Posto isso, considerando que a representação interventiva consiste em análise jurídico-constitucional pelo STF, essa modalidade de intervenção dispensa a apreciação pelo Congresso Nacional, ou seja, a intervenção nesses casos não se submete ao exame político pelo Poder Legislativo, podendo o decreto limitar-se-á a suspender a execução do ato impugnado, se essa medida bastar ao restabelecimento da normalidade, nos termos do art. 36, § 3º, da CF/1988.

Por se tratar de intervenção obrigatória, o Chefe do Poder Executivo Federal deve expedir o decreto interventivo e executar materialmente a ordem ou decisão judicial, requisitada pelo STF, STJ ou TSE, em conformidade com o art. 36, II, c/c art. 84, X, CF/1988. Tal hipótese ocorre quando a execução de decisão judicial depender de ato a ser emanado pelo Presidente da República ou de seu subordinado, a exemplo de ordem do Poder Judiciário em ação de reintegração de posse que requeira auxílio policial para desocupação de imóvel, devendo o Poder Executivo disponibilizar o efetivo de segurança suficiente, bem como cumprir materialmente a ordem constante no mandado judicial. Ilustrativamente, também pode ocorrer tal modalidade interventiva quando o Poder Judiciário determina adoção de providências na prestação de serviços públicos, sendo dever do Poder Executivo cumprir a ordem judicial no âmbito da Administração Pública. Ou seja, essa modalidade interventiva requer a atuação do Presidente da República na edição do decreto de intervenção para efetivar materialmente a ordem ou decisão judicial que dependa de providência por parte do Poder Executivo, visto que a matéria determinada judicialmente se encontra na esfera de atuação da Administração Pública.

Caso o Presidente da República não decrete a intervenção federal em Estado-Membro determinada pelo Poder Judiciário por meio de requisição ou provimento, o Chefe do Poder Executivo poderá incorrer em crime de responsabilidade, sujeitando-se à pena de perda do cargo público e suspensão dos direitos políticos por oito anos, conforme art. 12, "2" e "3", da Lei nº 1.079 de 1950 c/c art. 52, parágrafo único, da CF de 1988. Nesse sentido, Pontes de Miranda é categórico: "a simples recusa do Presidente da República a decretar a intervenção, pode justificar, por si só, a procedência da acusação por crime de responsabilidade".[40]

---

[39] KELSEN, Hans. *Jurisdição Constitucional*. 3ª ed. São Paulo: WMF Martins Fontes, 2013, p. 93.

[40] MIRANDA, Pontes de. *Comentários à Constituição de 1946*. 2ª ed. Vol. I. São Paulo: Max Limonad, 1953, p. 486.

No âmbito do Estado-Membro, a intervenção estadual nos seus municípios será *obrigatória* quando o Tribunal de Justiça der provimento à representação para assegurar a observância de princípios indicados na Constituição Estadual, ou para prover a execução de lei, de ordem ou de decisão judicial (art. 35, IV, CF/1988). Nesses casos, o decreto interventivo não se submete à apreciação pela Assembleia Legislativa estadual, isto é, dispensa-se análise política, conforme art. 36, § 3º, da CF/1988, conforme fundamentação supra.

Na mesma forma, caso o Governador de Estado não decrete a intervenção estadual em seu Município determinada pelo Tribunal de Justiça por meio de requisição ou provimento, o Chefe do Poder Executivo estadual poderá incorrer em crime de responsabilidade, sujeitando-se à pena de perda do cargo público e suspensão dos direitos políticos por oito anos, sem prejuízo das demais sanções judiciais cabíveis, conforme art. 12, "2" e "3", da Lei nº 1.079 de 1950 c/c art. 52, parágrafo único, da CF de 1988 – aplicável no âmbito regional em razão do princípio da simetria.

Noutro giro, a *intervenção facultativa* consiste na interferência de um ente federado em outro de maneira opcional, ou seja, quando a imposição da medida depender da análise discricionária a cargo da autoridade competente. Aqui, a intervenção será decretada somente se não for possível remediar a situação por outros mecanismos de menor intensidade institucional. Caberá à autoridade competente avaliar a conjuntura e sopesar acerca da necessidade ou não de intervenção federal ou estadual, condicionada à situação fática, bem como às medidas que se afigurem aptas a restaurar a normalidade da Federação. Nesse caso, a intervenção pode ser decretada ou não, a depender da decisão da autoridade competente, porquanto se trata de análise casuística e da escolha da providência a ser adotada.

Além disso, de acordo com proposta do Instituto dos Advogados em 1906 – realizada após a promulgação da primeira Constituição republicana – a "intervenção, que pressupõe sempre a anomalia na vida regular do Estado ou Estados conflagrados, só se verificará quando o Estado ou Estados não disponham de meios, ordinários ou extraordinários, dentro de seu aparelho institucional, para dirimir o caso, que implique o exercício dessa providencia da intervenção federal".[41] Assim, quando vítima de acontecimentos graves, intervenção federal deve ser decretada somente se o Estado-Membro não tiver condições de restaurar a normalidade regional por si só, isto é, quando necessitar de auxílio federal.

---

[41] INTERVENÇÃO NOS ESTADOS. *Documentos Parlamentares*. 6º Volume. Rio de Janeiro: Jornal do Comércio, 1916, p. 267-268.

Para essa corrente, a intervenção federal em Estado-Membro será facultativa se tiver por objetivo manter a integridade nacional (art. 34, I, CF/1988). Em casos como esse, a intervenção somente se justifica quando o auxílio federal for estritamente necessário para a manutenção da incolumidade da nação, ou seja, quando houver risco efetivo de ente federado desmembrar-se do país. Desse modo, deve-se perquirir se a integridade nacional pode ser mantida por meio de instrumentos mais brandos que não a própria decretação de intervenção federal. Além disso, acaso seja decretada a intervenção por esse fundamento, o referido decreto deverá ainda ser apreciado pelo Congresso Nacional – que decidirá acerca da intervenção –, a fim de examinar a imprescindibilidade da providência, razão pela qual se trata de intervenção facultativa (art. 36, § 1°, parte final, CF/1988).

Pelas mesmas razões, a intervenção federal será facultativa quando destinar-se a repelir invasão estrangeira ou de uma unidade da Federação em outra, visto que o próprio ente federado poderá afastar a incursão estrangeira de seu território, bem como repelir eventual invasão de outra unidade da federação em seu espaço geográfico. Em outras palavras, o ente federado não fica condicionado ao auxílio federal para rechaçar, por si mesmo, repentina invasão em seu território. Demais disso, as próprias forças de segurança do Estado-Membro podem ser suficientes para conter e expulsar definitivamente a invasão estrangeira ou nacional. Assim, somente deve ser decretada a intervenção federal caso seja necessário, considerada a magnitude e intensidade da incursão, atendendo-se ainda ao princípio da "necessidade interventiva". Da mesma forma, nesse caso, o decreto do Presidente da República deverá ser apreciado pelo Congresso Nacional, que decidirá pela manutenção ou não da intervenção em Estado-Membro, de modo a ser facultativa a atuação da União no ente regional (art. 36, § 1°, parte final, CF/1988).

Igualmente, será facultativa a intervenção para pôr termo a grave comprometimento da ordem pública, haja vista que somente deve ser decretada a intervenção caso seja impossível restaurar a ordem pública do Estado-Membro mediante outros mecanismos que não seja a própria intervenção. Em outros termos, primeiro devem-se compreender as causas da desestabilização da ordem pública e a situação atual. Em seguida, deve-se perscrutar acerca das providências a serem adotadas para a normalização do Estado-Membro. Somente após tal exame é que será possível vislumbrar as medidas a serem adotadas para restaurar a ordem na unidade regional. Disso resulta que a decretação de intervenção federal é apenas uma das possibilidades reparatórias, que também poderá se perfectibilizar mediante outros instrumentos. Exemplificadamente, se o Estado-Membro sofre com desordens sociais agressivas, deve-se investigar se o envio de forças de segurança é suficiente para conter a situação existente (*v.g.* Força Nacional de Segurança Pública, Polícia Federal, ABIN, etc.). Noutra perspectiva, se o comprometimento da ordem pública de Estado-Membro é causado na área da saúde –, por falta de unidades de atendimento, insumos ou profissionais suficientes –, a União Federal pode auxiliar, enviando material e profissionais habilitados, bem como contratar ou criar programa de Governo que auxilie as unidades da Federação. Tal mecanismo auxiliatório pode ser feito mediante convênios, parcerias, regime de cooperação, transferências voluntárias, etc. Ou seja, não é necessariamente obrigatório decretar a intervenção federal para ajudar Estado-Membro, podendo o amparo advir de mecanismos mais brandos, em atenção ao federalismo cooperativo. Ademais, identicamente nesse caso, o decreto do Presidente da República deverá ser apreciado pelo Congresso Nacional, que decidirá pela manutenção ou não da intervenção em Estado-Membro, de modo a ser facultativa a atuação da União no ente regional (art. 36, § 1°, parte final, CF/1988).

Também será facultativa a intervenção para garantir o livre exercício de qualquer dos Poderes nas unidades da Federação. Nesse caso, a decretação de intervenção dependerá de prévia solicitação do Poder Legislativo ou do Poder Executivo coacto ou impedido, sendo da competência destes perscrutar acerca de atos que signifiquem coação ou impedimento de livre exercício das atribuições institucionais que lhes sejam inerentes. Em seguida, "recebendo a solicitação, que é pressuposto indispensável para a decretação, o Presidente da República aprecia a oportunidade e/ou conveniência do pedido. Nesse caso, o poder discricionário, de que é detentor o Presidente, informará a edição ou não-edição do decreto intervencionista".[42] Desse modo, a intervenção somente será decretada caso seja a única forma de assegurar autonomia dos Poderes do Estado-Membro e desde que seja previamente solicitado pelo Poder restringido ou impedido. A título de exemplo, restará despicienda a intervenção federal se a independência do Poder Legislativo ou Executivo coactado for restabelecida mediante execução de ordem judicial que afasta o obstáculo institucional ou se cessarem as medidas cerceadoras. Assim, não se impõe necessariamente a imposição de intervenção federal se suficientes outras providências restauradoras da normalidade institucional. Além disso, mesmo após o decreto interventivo, a medida submete-se à apreciação política do Congresso Nacional, tendo o poder decisório para manter ou revogar a intervenção decretada pelo Presidente da República (art. 36, § 1°, parte final, CF/1988).

---

[42] CRETELLA JÚNIOR, José. *Comentários à Constituição Brasileira de 1988*. Vol. IV. Arts. 23 a 37. 2ª ed. Rio de Janeiro: Forense Universitária, 1992, p. 2104.

Por último, será facultativa a intervenção federal em Estado-Membro com a finalidade de reorganizar as finanças da unidade da Federação que: a) suspender o pagamento da dívida fundada por mais de dois anos consecutivos, salvo motivo de força maior; b) deixar de entregar aos Municípios receitas tributárias fixadas nesta Constituição, dentro dos prazos estabelecidos em lei. A Lei Complementar nº 63, de 11 de janeiro de 1990, dispõe sobre critérios e prazos de crédito das parcelas do produto da arrecadação de impostos de competência dos Estados e de transferências por estes recebidos, pertencentes aos Municípios. Esclareça que na intervenção para reorganizar as finanças estaduais, será necessário primeiramente avaliar os motivos da suspensão do pagamento da dívida fundada, bem como a demonstração de que a não entrega das receitas tributárias aos Municípios superou os prazos legais. Destarte, impedirá a decretação de intervenção federal se houver algum amparo normativo ou contratual entre os entes federados que postergue ou de algum modo suspenda a imediata transferência de recursos, a exemplo de refinanciamento ou ajuste financeiro que impeça temporariamente a exigibilidade da entrega de recursos. Afora isso, mesmo que decretada a intervenção federal para reorganizar as finanças de Estado-Membro, a providência sujeitar-se-á ao exame do Congresso Nacional, que decidirá pela manutenção ou não da medida interventiva, nos termos do art. 36, § 1º, parte final, CF/1988).

No âmbito estadual, pelos mesmos motivos e em atenção ao princípio da simetria, será *facultativa* a intervenção estadual em seus municípios quando: I – deixar de ser paga, sem motivo de força maior, por dois anos consecutivos, a dívida fundada; II – não forem prestadas contas devidas, na forma da lei; III – não tiver sido aplicado o mínimo exigido da receita municipal na manutenção e desenvolvimento do ensino e nas ações e serviços públicos de saúde (art. 35, I, II e III, CF/1988). No caso da falta de prestação de contas devidas pelos municípios, a intervenção será facultativa, pois dependerá da análise das contas e do entendimento de que estas foram prestadas insuficientemente, ou seja, depende de verificação minuciosa se foram apresentadas de forma devida ou não. Além disso, o decreto de intervenção deve ser apreciado pela Assembleia Legislativa do Estado-Membro, que decidirá para aprovação ou não da intervenção estadual no município, consoante art. 36, § 1º, parte final, CF/1988). Em outras palavras, a intervenção estadual será facultativa, pois caberá ao Governador do Estado examinar a conveniência e oportunidade da decretação, bem como à Assembleia Legislativa apreciar a necessidade e adequação da providência.

Por conseguinte, a intervenção terá natureza "obrigatória" ou "facultativa" a depender da causa ensejadora da medida interventiva, de acordo com a Constituição Federal de 1988 e conforme a exposição acima.

8.1. Competência decisória

Tendo em vista o "princípio da simetria", é salutar o exame da intervenção federal nos Estados-Membros e a intervenção Estadual nos seus Municípios na perspectiva das autoridades competentes para decidir pela imposição da providência restauratória.

Em primeiro lugar, a competência decisória consiste em identificar a autoridade competente para determinar a intervenção federal em Estado-Membro ou a intervenção estadual em seu município. Isto é, alude à capacidade de deliberar pela decretação de intervenção, decidindo-a. Consoante Hans Kelsen, a competência decisória é atribuída ao "órgão encarregado de apurar se um Estado-Membro violou os deveres que lhe impõe a Constituição".[43] Aurelino Leal, nos comentários à Constituição de 1891, preleciona: "A meu ver, porém, a verdadeira doutrina está com o Sr. Campos Sales, tal como se acha transcrita no texto: 'Há casos em que compete ao Poder Executivo intervir, há outros em que a intervenção pertence ao Poder Legislativo; há aqueles, finalmente, que recaem sob a jurisdição do Poder Judiciário'. Esta é também a opinião de vários comentadores".[44]

Igualmente, Fávila Ribeiro declara enfaticamente: "as hipóteses de cabimento da intervenção federal estão distribuídas, estão reservadas, a todos os três poderes. Ficaram dependentes do Presidente da República a intervenção para manter a integridade nacional e para repelir a invasão estrangeira, [...]. Mediante requisição dos Poderes Executivo e Legislativo locais, cabia-lhe ainda intervir para 'garantir o livre exercício de qualquer dos poderes estaduais'. [...] todos os demais casos acima citados seriam submetidos à imediata apreciação do Poder Legislativo. Ao Poder Judiciário atribui também a Constituição competência para requisitar a intervenção ao Presidente da República para a execução de ordens e decisões dos juízes e tribunais federais e também para garantir o livre exercício do Judiciário local, por intermédio do Supremo".[45]

Da análise da atual Constituição Federal de 1988, verifica-se a pluralidade de autoridades competentes para decidir acerca da intervenção federal ou estadual. Quando se tratar de intervenção federal em Estado-Membro nas hipóteses constantes dos incisos I, II, III, IV e V, do art. 34, CF/1988, caracterizar-se-á *ato complexo*, porquanto necessárias duas manifestações de vontade autônomas para a implementação

---

[43] KELSEN, Hans. *Jurisdição Constitucional*. 3ª ed. São Paulo: WMF Martins Fontes, 2013, p. 93.

[44] LEAL, Aurelino. *Theoria e Prática da Constituição Federal Brasileira*. Parte Primeira. Rio de Janeiro: F. Briguiet e Cia. Editores, 1925, p. 60.

[45] RIBEIRO, Fávila. *A Intervenção Federal nos Estados*. Fortaleza: Editora Jurídica, 1960, p. 43.

definitiva da interferência de um ente federado sobre outro. Na lição de Hely Lopes Meirelles, ato complexo "é o que se forma pela conjugação de vontades de mais de um órgão. O essencial, nesta categoria de atos, é o concurso de vontades de órgãos diferentes para a formação de um ato único".[46] No mesmo sentido, José do Santos Carvalho Filho assinala: "atos complexos são aqueles cuja vontade final exige a intervenção de agentes ou órgãos diversos, havendo certa autonomia, ou conteúdo próprio, em cada uma das manifestações".[47]

Isso se dá porque cabe ao Presidente da República "decretar" a intervenção federal, mas compete ao Congresso Nacional "decidir" a respeito do prosseguimento da intervenção, aprovando-a ou rejeitando-a (art. 36, § 1°, parte final, c/c art. 49, IV, da CF/1988). Em que pese o decreto de intervenção produzir eficácia desde a sua publicação, a manutenção dos efeitos da medida deverá ser submetida à apreciação pelo Congresso Nacional no prazo de vinte e quatro horas. Ou seja, é necessária a manifestação de vontade do Chefe do Poder Executivo e em seguida a aprovação da providência pelo Poder Legislativo para que o decreto de intervenção seja mantido na ordem jurídica, caracterizando ato complexo. Disso resulta que o decreto presidencial depende da posterior aprovação pelo Congresso Nacional, sendo que este somente avaliará o ato caso exista decretação prévia, ou seja, há uma interdependência entre as instâncias deliberativas, consistindo em reunião de vontades de órgãos independentes.

Pelas mesmas razões, no *âmbito dos Estados*, a intervenção estadual em seus municípios terá natureza de *ato complexo* nas hipóteses constantes dos incisos I, II e III do art. 35 da CF/1988.

De outra banda, a intervenção federal nos Estados-Membros terá natureza de *ato composto* quando se tratar de intervenção nas modalidades constantes nos incisos II e III do art. 36 da CF/1988. De acordo com o magistério de Hely Lopes Meirelles, ato composto "é o que resulta da vontade única de um órgão, mas depende da verificação por parte de outro, para se tornar exequível".[48] Na lição de José dos Santos Carvalho Filho, "atos compostos não se compõem de vontades autônomas, embora múltiplas. Há, na verdade, uma só vontade autônoma, ou seja, de conteúdo próprio. As demais são meramente instrumentais".[49]

---

[46] MEIRELLES, Hely Lopes. *Direito Administrativo Brasileiro*. 20ª ed. São Paulo: Malheiros, 1995, p. 154.

[47] CARVALHO FILHO, José dos Santos. *Manual de Direito Administrativo*. 23ª ed. Rio de Janeiro: Lumen Juris, 2010, p. 144.

[48] MEIRELLES, op. cit., p. 155.

[49] CARVALHO FILHO, op. cit., p. 144.

Assim, no caso de desobediência à ordem ou decisão judiciária, a requisição do STF, STJ ou TSE possui natureza obrigatória, devendo ser cumprida. Igual fenômeno ocorre na intervenção por provimento, quando o STF acolhe o pedido representação interventiva proposto pelo Procurador-Geral da República, com o objetivo de assegurar os princípios constitucionais sensíveis. Em ambos os casos, a decisão acerca da intervenção é de competência do Supremo Tribunal Federal, cabendo ao Presidente da República cumprir a ordem jurisdicional, a fim de permitir a execução da medida. Isto é, o decreto do Chefe do Poder Executivo contém natureza de ato instrumental para implementar a providência interventiva. Por conseguinte, essa corrente entende que a intervenção fundada nessas hipóteses constitui ato composto.

Na esfera dos *Estados-Membros* e pelas mesmas razões, a intervenção estadual em seus municípios terá natureza de *ato composto* quando a intervenção decorrer de provimento a representação pelo Tribunal de Justiça, com o objetivo de assegurar a observância de princípios indicados na Constituição Estadual ou para prover a execução de lei, de ordem ou de decisão judicial (art. 35, IV, c/c art. 36, § 3º, da CF/1988).

9. Categorias de intervenção estadual

A interferência dos Estados-Membros nos seus Municípios possui natureza distinta, de acordo com as hipóteses excepcionais previstas constitucionalmente. Para essa corrente, a intervenção estadual divide-se em: i – intervenção por inadimplência consolidada; ii – intervenção prestativa de contas; iii – intervenção para transferência obrigatória; iv – intervenção por provimento.

9.1. Intervenção por inadimplência consolidada

A *intervenção por inadimplência consolidada* ocorre quando deixar de ser paga, sem motivo de força maior, por dois anos consecutivos, a dívida fundada (art. 35, I, CF/1988). Essa interferência consiste em reestruturar a administração do Erário municipal que tenha interrompido o pagamento dos débitos provenientes de obrigação financeira assumida em virtude de leis, contratos, convênios, tratados ou de operação de crédito cujo prazo de amortização dos compromissos seja superior a doze meses, ressalvado o caso de força maior.

Essa medida interventiva reorganizatória das finanças municipais tem por objetivo impedir o inadimplemento definitivo da dívida longeva, isto é, obstar o incumprimento obrigacional de forma deliberada ou de má-fé. Sinteticamente, a expressão "dívida fundada" significa o compromisso financeiro assumido pelo Município com obrigação de pagamento superior a doze meses, expressando obrigação destinada a investimento relevante ou de utilidade a longo prazo.

Para Aliomar Baleeiro "a *dívida fundada* caracteriza-se por sua estabilidade. Não varia ao sabor da cadência das receitas e despesas, a cada mês, como a dívida flutuante, que, por efeito dessa contínua oscilação do quantum, recebeu esse nome. [A dívida fundada] É contraída a prazos muitos longos ou até mesmo sem prazo definido, nem obrigação expressa de resgate. Daí a subdivisão em amortizável e perpétua. Destina-se, em geral, a investimentos duráveis e quase sempre rentáveis, embora possa provir da absorção da dívida flutuante oriunda dos déficits orçamentários. Os recursos da dívida fundada geralmente não se originam do mercado monetário, mas do financeiro, para onde acorrem os capitais disponíveis em busca de colocações seguras e permanentes, ao passo que os clientes da dívida flutuante procuram aplicação momentânea de seu dinheiro, enquanto aguardam ou deliberam sobre investimentos de qualquer natureza. A dívida fundada, em muitos países, é também conhecida como consolidada, mas em outros essa palavra é reservada aos empréstimos perpétuos".[50]

De acordo com Paulo Sandroni, a expressão *dívida fundada* significa a "dívida proveniente de recursos obtidos pelo governo sob a forma de financiamentos ou empréstimos, mediante celebração de contratos, emissão ou aceite de títulos ou concessão de quaisquer garantias que representem compromisso assumido para resgate em exercício subsequente". *Dívida consolidada* consiste no "conjunto dos débitos de longo prazo, sem data determinada de pagamento, que o governo assume por meio da emissão de títulos negociáveis". *Dívida flutuante* é a "dívida cujo período de amortização ou resgate não ultrapassa doze meses. Compreende os restos a pagar, os serviços da dívida a pagar e os débitos de tesouraria. Pode ser entendida também como o conjunto dos débitos de curto prazo assumidos pelo governo e representados por títulos negociáveis. Como os títulos de curto prazo permitem maior liquidez ao meio circulante, uma dívida flutuante muito alta pode provocar pressões inflacionárias. Por isso, é comum que os governos procurem transformar a dívida flutuante em dívida consolidada, isto é, com vencimento a longo prazo, para restringir a liquidez no mercado".[51]

Normativamente, a Lei nº 4.320 de 1964, que estatui normas gerais de direito financeiro, conceitua *dívida fundada* como "os compromissos de exigibilidade superior a doze meses, contraídos para atender a desequilíbrio orçamentário ou a financeiro de obras e serviços públicos" (art. 98). Por sua vez, a Lei Complementar nº 101 de 2000, que estabelece normas de finanças públicas, define *dívida consolidada* ou *fundada* como a despesa pública cujo "montante total, apurado sem duplicidade, das obrigações financeiras do ente da Federação, assumidas em virtude de leis, contratos, convênios ou tratados e da realização de operações de crédito, para amortização em prazo superior a doze meses" (art. 29, I).

Registre-se que a parte inicial do inciso I do art. 35 da CF/88 exime a intervenção estadual nos municípios quando a dívida fundada deixar de ser paga por dois anos consecutivos em razão de "fato maior". A expressão *força maior* pode ser compreendida como o fato posterior

---

[50] BALEEIRO, Aliomar. *Uma Introdução à Ciência das Finanças*. 16ª ed. Rio de Janeiro: Forense, 2008, p. 609.

[51] SANDRONI, Paulo. *Novíssimo Dicionário de Economia*. São Paulo: Best Seller, 1999, p. 180-181.

irresistível capaz de modificar ou até mesmo impedir o cumprimento da obrigação anteriormente avençada. Assim, a "força maior" a que alude à hipótese constitucional consiste no acontecimento extraordinário invencível – de origem natural, social, jurídica ou política – causador de grave alteração fática e prejudicial à normalidade, impedindo o cumprimento do que fora entabulado legal ou contratualmente. Exemplo, nefasta crise financeira decorrente da pandemia do coronavírus, ocasionando a abruta diminuição da receita tributária e a consequente suspensão do pagamento da dívida pelo Município, a fim de alocar os recursos existentes no pagamento das despesas obrigatórias de caráter continuado e as de custeio, a exemplo do pagamento de salários de funcionários públicos, aquisição de insumos ou manutenção dos equipamentos da área da saúde, etc.

Naturalmente, é incabível pretensa intervenção estadual nos seus municípios para reestruturar as finanças se o inadimplemento da "dívida fundada" for justificado ante motivo de força maior, haja vista que o Direito não pode exigir o impossível. Carlos Maximiliano arremata: "*ad impossibilia nemo tenetur*: 'ninguém está obrigado ao impossível'. Não se interpreta um texto de modo que resulte fato irrealizável, deliberação em desacordo com a lei, dever superior às possibilidades humanas comuns. Evidente a impossibilidade do cumprimento cessa a obrigação respectiva".[52] Portanto, nesse caso, a decretação de intervenção restaria despicienda, haja vista que a insuficiência de recursos financeiros – decorrentes da força maior – obstaria eventual tentativa de reestruturação do Erário, pois este já estaria combalido.

9.2. Intervenção prestativa de contas

A segunda categoria interventiva estadual é a *intervenção prestativa de contas*, que ocorre quando não forem prestadas as contas devidas pelo Município, na forma da lei (art. 35, II, CF/1988).

A prestação de contas incumbe a todos aqueles que lidam com a administração do interesse alheio. "O agente investido numa função pública está obrigado a demonstrar o regular desempenho de suas atribuições. A prestação de contas está incluída como princípio de observância obrigatória pelos Estados-Membros, por ser um corolário do regime representativo".[53]

---

[52] MAXIMILIANO, Carlos. *Hermenêutica e aplicação do direito*. 9ª ed. Rio de Janeiro: Forense, 1984, p. 259.

[53] RIBEIRO, Fávila. *A Intervenção Federal nos Estados*. Fortaleza: Editora Jurídica, 1960, p. 78.

Com efeito, a prestação de contas representa elemento fundamental no histórico das constituições brasileiras. Em sentido lato, a *prestação de contas* é compreendida como "o ato pelo qual a pessoa vem demonstrar, por sua velocidade ou por exigência de outrem, a situação das contas dos negócios que estavam, sob sua administração, gerência ou gestão". Em sentido lato, expressa a "tomada de contas", que é feita voluntariamente por que está sujeito a elas, bem como aduz à "prestação de contas", que é pedida por alguém com direito à exigi-la. Especificamente, a expressão 'tomada de contas' significa a "diligência processada na intenção de serem dadas e prestadas as contas por quem está obrigado a dá-las, ou as prestar. Por ela verificam-se as contas, parcela por parcela, examinam-se os documentos comprobatórios dos recebimentos e pagamentos, a fim de que se apure o saldo".[54] No direito administrativo, a prestação de contas consiste no "ato pelo qual os responsáveis por uma gestão (governadores, prefeitos, diretores, secretários tesoureiros, etc.) demonstram as despesas feitos para atender a uma finalidade pública. Trata-se de apresentação documentada feita pelos administradores públicos sobre o emprego de verbas destinadas ao atendimento do interesse público".[55]

A prestação de contas dimana da própria essência do conceito de "república", que deriva do latim *res* (coisa, bem) e *publica*, feminino de *publicus* (público, comum), entendendo-se o vocábulo como a "coisa pública ou o bem comum, isto é, o que é de todos ou pertence a todos".[56] Ora, por se tratar de coisa pública, impõe-se a demonstração dos gastos públicos a fim de permitir o controle pelos órgãos competentes e pela sociedade. Assim, a prestação de contas afigura-se instrumento fundamental no controle e planejamento dos recursos públicos em benefício da coletividade, permitindo a fiscalização e aprimoramento na gestão.

O ato de "prestar contas" constitui um dos deveres fundamentais dos administradores públicos. José dos Santos Carvalho Filho explica: "como é encargo dos administrares públicos a gestão de bens e interesses da coletividade, decorre daí o natural dever, a eles cometido, de prestar contas de sua atividade. Se no âmbito privado o administrador já presta contas normalmente ao titular de direitos, como muito maior razão há de prestá-las aquele que têm a gestão dos interesses de toda a coletividade. O dever abrange o círculo integral da gestão, mas, sem dúvida, é na utilização do dinheiro público que mais se acentua. O dinheiro público, originário em sua maior parte da contribuição dos

---

[54] SILVA, De Plácido e. *Vocabulário Jurídico*. 26ª ed. Rio de Janeiro: Forense, 2005, p. 1.089 e 1.408.

[55] DINIZ, Maria Helena. *Dicionário Jurídico*. Volume 3. São Paulo: Saraiva, 1998, p. 706.

[56] SILVA, op. cit., p. 1.209.

administrados, tem de ser vertido para os fins estabelecidos em lei. A prestação de contas de administrados pode ser realizada internamente, através dos órgãos escalonados em graus hierárquicos, ou externamente. Neste caso, o controle de contas é feito pelo Poder Legislativo por ser ele o órgão de representação popular".[57]

Conforme disposto na Carta Magna, compete ao Prefeito prestar, anualmente, à Câmara Municipal, as contas referentes ao exercício anterior (art. 31, § 2º, CF/1988). A prestação de contas é obrigação inerente ao princípio republicano, que tem por pressuposto a ideia de *res publica*, isto é, coisa pública. Consectariamente, aquele que administra o faz em nome do povo, devendo prestar as devidas contas. As contas são prestadas anualmente, pois os gastos públicos são autorizados para períodos anuais, em conformidade com a LOA.[58]

Desse modo, a *prestação de contas* constitui um dos instrumentos de transparência da gestão fiscal. Por determinação legal, "a União, os Estados, o Distrito Federal e os Municípios disponibilizarão suas informações e dados contábeis, orçamentários e fiscais conforme periodicidade, formato e sistema estabelecidos pelo órgão central de contabilidade da União, os quais deverão ser divulgados em meio eletrônico de amplo acesso público". Além disso, "as contas apresentadas pelo Chefe do Poder Executivo ficarão disponíveis, durante todo o exercício, no respectivo Poder Legislativo e no órgão técnico responsável pela sua elaboração, para consulta e apreciação pelos cidadãos e instituições da sociedade" (arts. 48, § 2º, e 49 da LC nº 101/2000).

No que concerne à escrituração, as contas públicas devem obedecer às normas de contabilidade pública, atentando-se sobretudo: I – a disponibilidade de caixa constará de registro próprio, de modo que os recursos vinculados a órgão, fundo ou despesa obrigatória fiquem identificados e escriturados de forma individualizada; II – a despesa e a assunção de compromisso serão registradas segundo o regime de competência, apurando-se, em caráter complementar, o resultado dos fluxos financeiros pelo regime de caixa; III – as demonstrações contábeis compreenderão, isolada e conjuntamente, as transações e operações de cada órgão, fundo ou entidade da administração direta, autárquica e fundacional, inclusive empresa estatal dependente; IV – as receitas e despesas previdenciárias serão apresentadas em demonstrativos financeiros e orçamentários específicos; V – as operações de crédito, as inscrições em Restos a Pagar e as demais formas de financiamento ou

---

[57] CARVALHO FILHO, José dos Santos. *Manual de Direito Administrativo*. 23ª ed. Rio de Janeiro: Lumen Juris, 2010, p. 71-72.

[58] SILVA, José Afonso da. *Comentário Contextual à Constituição*. 2ª ed. São Paulo: Malheiros, 2006. p. 489.

assunção de compromissos junto a terceiros, deverão ser escrituradas de modo a evidenciar o montante e a variação da dívida pública no período, detalhando, pelo menos, a natureza e o tipo de credor; VI – a demonstração das variações patrimoniais dará destaque à origem e ao destino dos recursos provenientes da alienação de ativos (art. 50, LC nº 101/2000).

O ato de o governo e outras entidades do setor público prestarem contas constitui dever ínsito à gestão da coisa pública, porquanto são os cidadãos que proveem os recursos financeiros que são administrados pelo Estado. "O atendimento das obrigações relacionadas à prestação de contas e responsabilização (*accountability*) requer o fornecimento de informações sobre a gestão dos recursos da entidade confiados com a finalidade de prestação de serviços aos cidadãos e aos outros indivíduos, bem como a sua adequação à legislação, regulamentação ou outra norma que disponha sobre a prestação dos serviços e outras operações. Em razão da maneira pela qual os serviços prestados pelas entidades do setor público são financiados (principalmente pela tributação e outras transações sem contraprestação) e da dependência dos usuários dos serviços no longo prazo, o atendimento das obrigações relacionadas à prestação de contas e responsabilização (*accountability*) requer também o fornecimento de informações sobre o desempenho da prestação dos serviços durante o exercício e a capacidade de continuidade dos mesmos em exercícios futuros". Assim, os dados fornecidos nos Relatórios Contáveis de Propósitos Gerais (RCPGs) promovem a transparência das informações contábeis dos governos e das entidades do setor público, subsidiam a prestação de contas e a responsabilização – *accountability* (Norma Brasileira de Contabilidade, NBC TSP Estrutural Conceitual, de 23 de setembro de 2016).[59]

Portanto, a prestação de contas públicas promove a publicização das receitas e das despesas dos Três Poderes, sendo que as contas prestadas pelos Chefes do Poder Executivo incluirão, além das suas próprias, as dos Presidentes dos órgãos dos Poderes Legislativo e Judiciário e do Chefe do Ministério Público, as quais receberão parecer prévio, separadamente, do respectivo Tribunal de Contas (art. 56, LC nº 101 de 2000). No âmbito municipal, a prestação de contas divulgará as receitas e despesas dos dois Poderes da municipalidade, ou seja, as contas do Executivo e do Legislativo locais. Por sua vez, os Tribunais de Contas emitirão parecer prévio conclusivo sobre as contas no prazo de sessenta dias do recebimento, se outro não estiver estabelecido nas constituições estaduais ou nas leis orgânicas municipais. No caso de

[59] SANTOS, Carlos Eduardo Ferreira dos. *Normas de Contabilidade no Setor Público.* 2ª ed. Belo Horizonte: Dialética, 2020, p. 20-21.

Municípios que não sejam capitais e que tenham menos de duzentos mil habitantes o prazo será de cento e oitenta dias (art. 57, LC nº 101 de 2000). De igual modo, a prestação de contas evidenciará o desempenho da arrecadação em relação à previsão, destacando as providências adotadas no âmbito da fiscalização das receitas e combate à sonegação, as ações de recuperação de créditos nas instâncias administrativa e judicial, bem como as demais medidas para incremento das receitas tributárias e de contribuições (art. 58, LC nº 101 de 2000).

Registre-se também que o ato de prestar contas constitui importante mecanismo na *gestão dos bens públicos*, isto é, permite melhor avaliar a administração sobre as "coisas materiais ou imateriais, assim como as prestações, pertencentes às pessoas jurídicas públicas, objetivando fins públicos e sujeitos a regime jurídico especial, de direito público, derrogatório e exorbitante do direito comum".[60] Assim, necessária adequada administração dos bens públicos, que são destinados aos interesses da sociedade, sendo a prestação de contas mecanismo fundamental de controle do patrimônio público.

Consoante magistério de Diógenes Gasparini, a prestação de contas decorre da gestão do patrimônio pertencente à coletividade. "A prestação de contas abrange todos os atos da administração e governo, e não só os relacionados com o dinheiro público gestão financeira. Assim, deve-se prestar contas dos planos de governo, mostrando o que se pretendia e o que se conseguiu, indicando as razões do êxito e as do fracasso. A prestação de contas é feita pelo Chefe do Poder Executivo de cada esfera de governo (federal, estadual, municipal) perante a respectiva corporação legislativa. Essas corporações, para esse fim, são auxiliadas pelos competentes Tribunais de Contas ou órgãos que lhes façam as vezes".[61] Francisco Bilac anota que "a fiscalização do poder público pode ser *spont propria* ou provocada. No primeiro caso, é decorrência natural do poder atribuído pela Constituição aos Tribunais de Contas da União, dos Estados e Municípios. A segunda forma surge de eventual representação ou denúncia".[62]

Por determinação constitucional, a fiscalização contábil, financeira, orçamentária, operacional e patrimonial da unidade federada e das entidades da administração direta e indireta, quanto à legalidade, legitimidade, economicidade, aplicação das subvenções e renúncia de receitas, será exercida pelo Poder Legislativo, mediante controle externo, e pelo sistema de controle interno de cada Poder. O controle externo

[60] CRETELLA JÚNIOR, José. *Tratado do domínio público*. Rio de Janeiro: Forense, 1984, p. 19.

[61] GASPARINI, Diógenes. *Direito Administrativo*. 17ª ed. São Paulo: Saraiva, 2012, p. 206.

[62] PINTO FILHO, Francisco Bilac M. *A intervenção federal e o federalismo brasileiro*. Rio de Janeiro: Forense, 2002, p. 371.

feito pelo Poder Legislativo se dá com o auxílio do Tribunal de Contas (arts. 70 e 71 c/c art. 75, CF de 1988). As normas constitucionais alusivas ao controle externo e ao Tribunal de Contas da União aplicam-se, no que couber, à organização, composição e fiscalização dos Tribunais de Contas dos Estados e do Distrito Federal, bem como dos Tribunais e Conselhos de Contas dos Municípios, nos termos do art. 75 da CF/1988. Assim, os atos do governo sujeitam-se à auditoria a cargo dos órgãos fiscalizadores competentes, conforme a Declaração de Lima, aprovada em 1977, sobre "Normas Internacionais das Entidades Fiscalizadoras Superiores (INTOSAI)", item III, seção 9, "As Entidades Fiscalizadoras Superiores auditam as atividades do governo, suas autoridades administrativas e outras instituições subordinadas. Isso não significa, no entanto, que o governo seja subordinado à Entidade Fiscalizadora Superior. Particularmente, o governo é pleno e exclusivamente responsável por suas ações e omissões e não poderá absolver-se fazendo referência a achados de auditorias – a menos que os achados tenham sido emitidos como julgamentos legalmente válidos e obrigatórios – e em opiniões de especialistas da Entidade Fiscalizadora Superior".[63]

Especificamente no âmbito da municipalidade, a fiscalização das contas do Município será exercida pelo Poder Legislativo Municipal, mediante controle externo, e pelos sistemas de controle interno do Poder Executivo Municipal, na forma da lei. O controle externo da Câmara Municipal será exercido com o auxílio dos Tribunais de Contas dos Estados ou do Município ou dos Conselhos ou Tribunais de Contas dos Municípios, onde houver. O parecer prévio, emitido pelo órgão competente sobre as contas que o Prefeito deve anualmente prestar, só deixará de prevalecer por decisão de dois terços dos membros da Câmara Municipal. As contas dos Municípios ficarão, durante sessenta dias, anualmente, à disposição de qualquer contribuinte, para exame e apreciação, o qual poderá questionar-lhes a legitimidade, nos termos da lei (art. 31, §§ 1º, 2º e 3º, da CF/1988).

Imperioso destacar que o ato de prestar contas é amplo, pois deve ser feito pelo Chefe do Poder Executivo, submetendo-as ao controle externo do Poder Legislativo com o auxílio do Tribunal de Contas, ao qual compete apreciar as contas prestadas anualmente pelo Prefeito, mediante parecer prévio que deverá ser elaborado em sessenta dias a contar de seu recebimento. Além disso, prestará contas qualquer pessoa física ou jurídica, pública ou privada, que utilize, arrecade, guarde, gerencie ou administre dinheiros, bens e valores públicos ou pelos quais o Município responda, ou que, em nome desta, assuma obriga-

---

[63] TCU. Tribunal de Contas da União. *Declaração de Lima – ISSAI 1*. INTOSAI. Aprovada em 1977. Disponível em: <https://portal.tcu.gov.br/fiscalizacao-e-controle/auditoria/normas-internacionais-das-entidades-fiscalizadores-superiores-issai/>. Acesso em 29-06-2021.

ções de natureza pecuniária. Cabe ao Tribunal de Contas julgar as contas dos administradores e demais responsáveis por dinheiros, bens e valores públicos da administração direta e indireta, incluídas as fundações e sociedades instituídas e mantidas pelo Poder Público, e as contas daqueles que derem causa a perda, extravio ou outra irregularidade de que resulte prejuízo ao erário público (art. 71 c/c art. 75, da CF/1988).

No âmbito do Tribunal de Contas da União – cuja normatização pode ser recepcionada pelo Tribunal de Contas Estadual ou Municipal – a decisão concernente à prestação de contas pode ter natureza preliminar, definitiva ou terminativa. A decisão preliminar é aquela na qual o Relator ou o Tribunal, antes de pronunciar-se quanto ao mérito das contas, resolve sobrestar o julgamento, ordenar a citação ou a audiência dos responsáveis ou, ainda, determinar outras diligências necessárias ao saneamento do processo. Já a definitiva é a decisão pela qual o Tribunal julga as contas regulares, regulares com ressalva, ou irregulares. Por fim, a terminativa é a decisão pela qual o Tribunal ordena o trancamento das contas que forem consideradas iliquidáveis, nos termos dos arts. 20 e 21 da Lei nº 8.433 de 1992. No que concerne ao julgamento das contas dos administradores públicos, essas serão reputadas: I – regulares, quando expressarem, de forma clara e objetiva, a exatidão dos demonstrativos contábeis, a legalidade, a legitimidade e a economicidade dos atos de gestão do responsável; II – regulares com ressalva, quando evidenciarem impropriedade ou qualquer outra falta de natureza formal de que não resulte dano ao Erário; III – irregulares, quando comprovada qualquer das seguintes ocorrências: a) omissão no dever de prestar contas; b) prática de ato de gestão ilegal, ilegítimo, antieconômico, ou infração à norma legal ou regulamentar de natureza contábil, financeira, orçamentária, operacional ou patrimonial; c) dano ao Erário decorrente de ato de gestão ilegítimo ao antieconômico; d) desfalque ou desvio de dinheiros, bens ou valores públicos (arts. 7º, 10 e 16 da Lei nº 8.443 de 1992).

Ainda no que alude ao controle exercido pelo Tribunal de Contas, a Instrução Normativa nº 79, de 4 de abril de 2018, do Tribunal de Contas da União, contém importantes preceitos acerca da prestação de contas pelo Chefe do Poder Executivo. Conforme esse ato normativo, considera-se prestação de contas os "documentos, informações e demonstrativos de natureza contábil, financeira, orçamentária, operacional ou patrimonial, organizado para permitir a visão sistêmica do desempenho e da conformidade da gestão federal durante um exercício financeiro". Caso a Prestação de Contas do Chefe do Executivo não contenha as peças relacionadas no art. 4º desta Instrução Normativa, o Tribunal de Contas informará o fato ao Poder Legislativo quando da emissão do parecer prévio para a adoção das providências cabíveis.

Art. 3º. A Prestação de Contas do Chefe do Executivo deve contemplar todos os recursos orçamentários e extraorçamentários utilizados, arrecadados, guardados, geridos ou administrados no âmbito da administração pública. Ademais, conforme art. 4º, a Prestação de Contas pelo Chefe do Executivo compõe-se dos seguintes elementos: I – relatório do órgão central do sistema de controle interno do Poder Executivo sobre a execução dos orçamentos da União de que trata o § 5° do art. 165 da Constituição Federal; II – Balanço Geral da União, acompanhado de notas explicativas; III – relatório com descrição das providências adotadas para atendimento das recomendações emitidas pelo Tribunal de Contas da União quando do exame das Contas do Presidente da República referentes aos exercícios anteriores. Nos termos do art. 5º, a Prestação de Contas pelo Chefe do Poder Executivo deve conter: I – demonstrativo do Tesouro Nacional e das agências oficiais de fomento, especificando os empréstimos e financiamentos concedidos com recursos dos orçamentos fiscal e da seguridade social e, no caso de agências financeiras, avaliação circunstanciada do impacto fiscal de suas atividades no exercício; II – relatório sobre o desempenho da arrecadação em relação à previsão, destacando as providências adotadas no âmbito da fiscalização das receitas e combate à sonegação, as ações de recuperação de créditos nas instâncias administrativa e judicial, bem como as demais medidas para incremento das receitas tributárias e de contribuições, conforme detalhamento constante do Anexo I desta instrução.

O art. 6º da referida Instrução Normativa exige ainda que a Prestação de Contas contenha: I – relatório sobre o desempenho da economia brasileira e da política econômico-financeira, em seus aspectos interno e externo, com destaque para os principais indicadores macroeconômicos, os instrumentos de política monetária e creditícia, as informações sobre a política fiscal e a dívida pública federal; II – relatório sobre os resultados da atuação governamental, por programas temáticos e objetivos, no exercício de referência, conforme orientações a serem enviadas anualmente pela Unidade Técnica responsável pela instrução do processo de apreciação das Contas do Presidente da República; III – relatório sobre a gestão orçamentária e financeira da União, abordando os aspectos elencados no Anexo II desta Instrução Normativa. IV – demonstrativo dos benefícios tributários, financeiros e creditícios por região, tributo e setor beneficiário, tendo em vista o disposto no art. 165, § 6º, da Constituição Federal, especificando: a) relação das renúncias de receitas tributárias e previdenciárias vigentes nos últimos quatro exercícios, incluindo o exercício de referência das Contas, acompanhadas dos valores estimados ou projetados, se houver; b) relação de renúncias de receitas tributárias e previdenciárias instituídas no exercício de referência, informando os instrumentos utilizados para sua instituição, em atenção ao art. 150, § 6°, da Constituição Federal, bem como o cumprimento dos requisitos exigidos no art. 14 da Lei Complementar 101/2000; c) resultado consolidado das avaliações dos projetos apoiados no âmbito da Lei n° 8.313/1991, que instituiu o Programa Nacional de Apoio à Cultura, em subsídio à análise do TCU prevista no § 3° do art. 20 da referida lei; d) montante total dos benefícios financeiros e creditícios e das subvenções concedidas pela União por meio do BNDES, assim como o montante das despesas financeiras da União relativas às referidas operações, contemplando as informações exigidas nos itens 9.3.5 e 9.3.6 do Acórdão 3071/2012-TCU-Plenário; e) resultado da avaliação de programa em que incide benefícios financeiros ou creditícios, de acordo com o item 9.1.8 do Acórdão 3071/2012-TCU-Plenário.

Outrossim, o art. 7° da Instrução Normativa declara que "o Balanço Geral da União deverá conter as seguintes informações: I – análise dos principais aspectos da composição dos balanços orçamentários, financeiros e patrimoniais da administração federal direta e indireta, incluindo os fundos federais, e a demonstração das variações patrimoniais, com destaque nesta última para a origem e o destino dos recursos provenientes da alienação de ativos (inciso VI do art. 50 da Lei Complementar 101/2000); II – demonstrativos e relatórios que evidenciem as memórias de cálculo e os principais critérios adotados para reavaliações e valorizações/desvalorizações dos ativos; III – notas explicativas, em complementação às demonstrações contábeis, que indiquem os principais critérios contábeis adotados no exercício, com realce das alterações empreendidas em relação ao exercício anterior, bem como análise consubstanciada das restrições contábeis apuradas nas conformidades contábeis de órgão superior junto ao *Siafi*, além de outras informações que sejam julgadas pertinentes e necessárias para a análise das contas do Presidente da República. Parágrafo único. As notas explicativas deverão incluir demonstrativo do montante bruto total dos benefícios financeiros e creditícios, decorrentes das operações de crédito do Tesouro Nacional com o Banco Nacional de Desenvolvimento Econômico e Social, conforme o art. 15 da Lei 10.180/2001 c/c o art. 3° do Decreto 6.976/2009".[64]

O documento que lastreia a prestação de contas contém dados importantes, tais como: i – *Planejamento, Programação e Orçamentação* (plano plurianual, lei de diretrizes orçamentárias, lei orçamentária anual); ii – *Gestão Orçamentária e Financeira* (alterações orçamentárias, receita, despesa, gestão financeira); iii – *Gestão Fiscal* (receita corrente líquida;

---

[64] TCU. Tribunal de Contas da União. Plenário. *Instrução Normativa n° 79, de 4 de abril de 2018*. Estabelece normas de organização e apresentação da Prestação de Contas do Presidente da República [...]. Disponível em: <https://pesquisa.in.gov.br/imprensa/jsp/visualiza/index.jsp?jornal=515&pagina=123&data=09/04/2018> Acesso em 15-01-2021.

relatórios de gestão fiscal de Poder Executivo, Defensoria Pública, Poder Legislativo, Tribunal de Contas e Poder Judiciário; avaliação do cumprimento de metas fiscais); iv – *Gestão Patrimonial* (dívida ativa, dívida pública); v – *Demonstrações Contábeis* (balanço orçamentário, balanço financeiro, balanço patrimonial, demonstração das variações patrimoniais, demonstração dos fluxos de caixa, demonstração das mutações do patrimônio líquido, auditoria financeira); vi – *Programas de Governo;*[65] bem como: vii – *Execução dos Orçamentos* (programação financeira do exercício, orçamento de investimento – empresas estatais, desempenho da arrecadação, agências oficiais de fomento, análise dos limites constitucionais e legais); viii – *Resultados da Atuação Governamental* (programas finalísticos); ix – *Providências Adotadas sobre as Recomendações do Tribunal de Contas* (recomendações e alertas sobre as contas prestadas nos anos anteriores); etc.[66]

A pormenorização supra dos elementos constantes da prestação de contas por parte do Chefe do Poder Executivo fornece subsídios objetivos para verificar se o ato promovido pela autoridade competente atende aos requisitos exigidos pela legislação. Por conseguinte, afasta-se a subjetividade na análise da hipótese autorizadora de intervenção prevista no art. 35, inciso II, da Constituição Federal de 1988.

Segue abaixo exemplo de decretação de intervenção estadual em município por não terem sido prestadas as contas devidas, na forma da lei:[67]

DECRETO Nº 5.808, DE 29 DE JULHO DE 2003
(Revogado pelo Decreto nº 5.837, de 01-10-2003)

Dispõe sobre intervenção estadual no Município de Iporá e dá outras providências.

O GOVERNADOR DO ESTADO DE GOIÁS, nos termos dos arts. 35, inciso II, e 36, § 1º, da Constituição Federal, do art. 61, *"caput"*, inciso II, e de seu § 2º, da Constituição Estadual, e tendo em vista o que consta do Processo nº 22578846/03, notadamente do Requerimento datado de 11 de março de 2003, subscrito pelos Vereadores da Câmara Municipal de Iporá; do Ofício nº 057, de 2 de abril de 2003, do Presidente daquela Casa, que, acatando

---

[65] TCDF. Tribunal de Contas do Distrito Federal. *Relatório Analítico sobre as Contas do Governo do Distrito Federal*. Exercício 2019. Disponível em: <https://www2.tc.df.gov.br/wp-content/uploads/2020/11/RAPP-2019-Versao-Publicacao.pdf> Acesso em 29-06-2021.

[66] CGU. Controladoria-Geral da União. *Prestação de Contas do Presidente da República 2020*. Disponível em: <https://www.gov.br/cgu/pt-br/assuntos/noticias/2021/04/cgu-divulga-prestacao-de-contas-do-presidente-da-republica-de-2020/pcpr-2020.pdf> Acesso em 29-06-2021.

[67] GOIÁS. Governo do Estado de Goiás. Gabinete Civil da Governadoria. Decreto nº 5.808, de 29 de julho de 2003. *Dispõe sobre intervenção estadual no Município de Iporá e dá outras providências*. Disponível em: <https://legisla.casacivil.go.gov.br/pesquisa_legislacao/61345/decreto-5808>. Acesso em 15-07-2021.

decisão do seu Plenário, requer ao Governador a intervenção estadual naquele Município; da Certidão do Tribunal de Contas dos Municípios, datada de 22 de julho de 2003, em que o Presidente daquela Corte atesta que as contas do Prefeito Municipal de Iporá, referentes aos balancetes e balanços gerais dos exercícios de 2001 e 2002 e do período de janeiro a maio de 2003 (último balancete autuado naquele Tribunal até a data de expedição da referida Certidão), não foram prestadas dentro do prazo legal, em descumprimento, portanto, ao disposto no art. 77, inciso X, da Constituição Estadual, e do Despacho nº 005199/03, em que o Procurador-Geral do Estado se manifesta favoravelmente à decretação da intervenção estadual requerida pelo Presidente da Câmara Municipal de Iporá,

D E C R E T A

Art. 1º Fica o Município de Iporá sob a intervenção do Estado, a partir da data de publicação deste Decreto até 31 de dezembro de 2003, limitada a medida ao âmbito do Poder Executivo, sendo, de consequência, afastado de seu cargo o Prefeito Municipal.

Art. 2º É nomeado interventor estadual no Município de Iporá LUIZ OTÁVIO DO NASCIMENTO, que substituirá o Prefeito e exercerá a Chefia do Poder Executivo durante o período de intervenção, objetivando assegurar, doravante, o efetivo cumprimento das disposições constitucionais e legais referenciadas no preâmbulo deste ato.

Art. 3º Sem prejuízo de sua imediata execução, este Decreto será submetido à apreciação da Assembleia Legislativa, na forma constitucionalmente exigida.

Art. 4º Este Decreto entra em vigor na data de sua publicação.

PALÁCIO DO GOVERNO DO ESTADO DE GOIÁS,
em Goiânia, 29 de julho de 2003, 115ª da República.
MARCONI FERREIRA PERILLO JÚNIOR
Walter José Rodrigues
Fernando Cunha Júnior

(D.O. de 31-07-2003)
Este texto não substitui o publicado no D.O. de 31.07.2003.

Assente-se que ato de prestar contas da referida gestão pelo administrador competente constitui obrigação inerente ao exercício de gerir coisa alheia. Se houver dolo por parte do agente na omissão em seu dever de ofício, poderá incorrer em ato de improbidade administrativa, ante a violação de princípios da Administração Pública, conforme legislação específica: "Art. 11. *Constitui ato de improbidade administrativa* que atenta contra os princípios da administração pública qualquer ação ou omissão que viole os deveres de honestidade, imparcialidade, legalidade, e lealdade às instituições, e notadamente: [...] VI – *deixar de prestar contas quando esteja obrigado a fazê-lo*" – grifos nossos (Lei nº 8.429 de 1992). Nesse sentido é a jurisprudência do Superior Tribunal de Justiça (STJ):

"O atraso do administrador na prestação de contas, sem que exista dolo, não configura, por si só, ato de improbidade administrativa que atente contra os princípios da Administração Pública (art. 11 da Lei n. 8.429/92). Isso porque, para a configuração dessa espécie de ato de improbidade administrativa, é necessária a prática dolosa de conduta que atente contra os princípios da Administração Pública. Dessa forma, há improbidade administrativa na omissão dolosa do administrador, pois o dever de prestar contas está relacionado ao princípio da publicidade, tendo por objetivo dar transparência ao uso de recursos e de bens públicos por parte do agente estatal. Todavia, o simples atraso na entrega das contas, sem que exista dolo na espécie, não configura ato de improbidade. Precedente citado: REsp 1.307.925-TO, Rel. Segunda Turma, DJe 23/8/2012." (AgRg no REsp 1.382.436-RN, Segunda Turma – Rel. Min. Humberto Martins, julgado em 20/8/2013 – Informativo nº 529).

Por último, afora a possibilidade de o Município submeter-se à intervenção estadual, o ato do Prefeito de deixar de prestar contas, no devido tempo, ao órgão competente, da aplicação de recursos, empréstimos subvenções ou auxílios internos ou externos, recebidos a qualquer título, pode configurar *crime de responsabilidade*. Neste caso, o julgamento incumbe ao Poder Judiciário, independentemente do pronunciamento da Câmara dos Vereadores, sendo o crime de ação pública, com a pena de detenção de três meses a três anos (art. 1º, VI, § 1º, Decreto-Lei nº 201 de 1967).

9.3. Intervenção para transferência obrigatória

A terceira categoria interventiva estadual é a *intervenção para transferência obrigatória*, que ocorre quando ao município não tiver sido aplicado o mínimo exigido da receita municipal na manutenção e no desenvolvimento do ensino e nas ações e serviços públicos de saúde (art. 35, III, CF/1988).

Essa hipótese de intervenção não foi prevista na redação original quando promulgada a Carta Magna de 1988, sendo fruto de emenda à Constituição. Na disposição inicial do texto, era possível a intervenção quando não fosse aplicado o mínimo da receita municipal na manutenção e desenvolvimento do "ensino". Em seguida, ampliou-se para exigir a aplicação mínima de tributos nas áreas do *ensino* e da *saúde* por meio da Emenda Constitucional nº 29 de 2000, nos termos da seguinte redação: "não tiver sido aplicado o mínimo exigido da receita municipal na manutenção e desenvolvimento do ensino e nas ações e serviços públicos de saúde".

Nessa modalidade interventiva, a intromissão do Estado-Membro nos seus Municípios tem por finalidade atuar na perspectiva administrativo-financeira do ente recalcitrante para destinar a aplicação do mínimo da receita tributária nas áreas do ensino e da saúde da municipalidade. Isto é, a intervenção destina-se tão somente a permitir a alocação de recursos públicos na área do ensino e da saúde à cargo do próprio ente intervindo, a fim de que a população local usufrua dos referidos serviços públicos de caráter essencial.

Assim, atualmente, o dispositivo constitucional exige dos Municípios a aplicação de percentuais mínimos da receita tributária em ações destinadas ao *ensino* e à *saúde*, sob pena de o ente municipal sujeitar-se à intervenção estadual. Nos termos da Constituição, impõe-se a destinação mínima de recursos tributários no "ensino", que é expressão mais ampla do que a palavra "educação". Conceitualmente, o vocábulo *ensino* deriva do latim *insigniare*, significando ensinamento, educação, ação de ensinar, indicando tudo que se refere à instrução, ou seja, o ato de lecionar, a existência de recursos humanos, as instituições e as demais atividades direta ou indiretamente destinadas a tal fim. Por sua vez, o vocábulo *educação* deriva do latim *educatio*, "de *educare* (instruir, ensinar, amestrar) é geralmente empregado para indicar a ação de instruir e de desenvolver as faculdades físicas, morais e intelectuais de uma criança ou mesmo de qualquer ser humano".[68] Considerando que o ato de ensinar requer recursos das mais variadas formas (materiais, humanas, infraestrutura, pesquisas, planejamento, etc.), o constituinte incluiu na redação do texto constitucional o termo "ensino", que engloba todos os meios necessários para promover a educação. Assim, as disposições constitucionais concernentes à "educação" incluem-se no conceito de "ensino", porquanto este último abrange aquele.

Assente-se que a intervenção estadual nos municípios tem por escopo garantir a efetividade da destinação de recursos financeiros às áreas prestacionais mais importantes no âmbito dos direitos sociais, ou seja, a educação e a saúde. Os direitos sociais são direitos prestados pela sociedade em prol do indivíduo, a fim de propiciar uma vida digna. O *direito à educação* oportuniza o pleno desenvolvimento do ser humano, ao passo que o *direito à saúde* propicia a manutenção da existência do próprio indivíduo, isto é, a continuidade da vida.

A **educação** constitui um direito fundamental social expresso na Constituição Federal (art. 6°, *caput*, CF/1988). Consoante estudo de Eliane de Sousa, "o direito à educação mantém íntima relação com os princípios fundamentais da República Federativa do Brasil, principalmente com o princípio da dignidade humana. Isso porque a educação

---

[68] SILVA, De Plácido e. *Vocabulário Jurídico*. 26ª ed. Rio de Janeiro: Forense, 2005, p. 507 e 532.

promove o desenvolvimento da personalidade do indivíduo e da cidadania e contribui para construir a identidade social. De maneira mais ampla, o acesso à educação propicia o desenvolvimento de uma sociedade livre, mais justa e solidária. É o retorno que o indivíduo 'educado' formalmente dá para a sociedade, pois passa a ter consciência de sua individualidade, atrelado a forte sentimento de solidariedade social".[69]

O direito à educação e à saúde constituem espécies de direitos a ações positivas do indivíduo em face do Poder Público, isto é, direitos que o cidadão tem contra o Estado cujo objeto é uma ação fática. Robert Alexy exemplifica: "trata-se de um direito a uma ação positiva fática quando se supõe um direito de um proprietário de escola privada a um auxílio estatal por meio de subvenções, quando se fundamenta um direito a um mínimo existencial ou quando se considera uma 'pretensão individual do cidadão à criação de vagas nas universidades'. Tais direitos, que dizem respeito a prestações fáticas que, em sua essência, poderiam ser também realizadas por particulares, devem ser designados como direitos a prestações em sentido estrito".[70]

Nos termos da Constituição Federal, "a educação, direito de todos e dever do Estado e da família, será promovida e incentivada com a colaboração da sociedade, visando ao pleno desenvolvimento da pessoa, seu preparo para o exercício da cidadania e sua qualificação para o trabalho. O ensino será ministrado com base nos seguintes princípios: I – igualdade de condições para o acesso e permanência na escola; II – liberdade de aprender, ensinar, pesquisar e divulgar o pensamento, a arte e o saber; III – pluralismo de ideias e de concepções pedagógicas, e coexistência de instituições públicas e privadas de ensino; IV – gratuidade do ensino público em estabelecimentos oficiais; V – valorização dos profissionais da educação escolar, garantidos, na forma da lei, planos de carreira, com ingresso exclusivamente por concurso público de provas e títulos, aos das redes públicas; VI – gestão democrática do ensino público, na forma da lei; VII – garantia de padrão de qualidade; VIII – piso salarial profissional nacional para os profissionais da educação escolar pública, nos termos de lei federal; IX – garantia do direito à educação e à aprendizagem ao longo da vida" (arts. 205 e 206, CF/1988).

"O dever do Estado com a educação será efetivado mediante a garantia de: I – educação básica obrigatória e gratuita dos 4 (quatro) aos 17 (dezessete) anos de idade, assegurada inclusive sua oferta gratuita

[69] SOUSA, Eliane Ferreira de. *Direito à educação*. Requisito para o desenvolvimento do País. São Paulo: Saraiva, 2010, p. 34.

[70] ALEXY, Robert. *Teoria dos direitos fundamentais*. São Paulo: Malheiros, 2008, p. 201-202.

para todos os que a ela não tiveram acesso na idade própria; II – progressiva universalização do ensino médio gratuito; III – atendimento educacional especializado aos portadores de deficiência, preferencialmente na rede regular de ensino; IV – educação infantil, em creche e pré-escola, às crianças até 5 (cinco) anos de idade; V – acesso aos níveis mais elevados do ensino, da pesquisa e da criação artística, segundo a capacidade de cada um; VI – oferta de ensino noturno regular, adequado às condições do educando; VII – atendimento ao educando, em todas as etapas da educação básica, por meio de programas suplementares de material didático escolar, transporte, alimentação e assistência à saúde" (art. 208, CF/1988).

Como efeito, somente com a aplicação de recursos financeiros afigura-se possível implementar tais funções, que são imprescindíveis em um Estado Democrático de Direito, bem como na construção de uma sociedade mais justa (art. 3º, I, CF/1988). Diante disso, a Constituição Federal determina a destinação mínima de recursos tributários na área da educação e da saúde: "A União aplicará, anualmente, nunca menos de dezoito, e os Estados, o Distrito Federal e os Municípios vinte e cinco por cento, no mínimo, da receita resultante de impostos, compreendida a proveniente de transferências, na manutenção e desenvolvimento do ensino. A parcela da arrecadação de impostos transferida pela União aos Estados, ao Distrito Federal e aos Municípios, ou pelos Estados aos respectivos Municípios, não é considerada, para efeito do cálculo previsto neste artigo, receita do governo que a transferir" (art. 212, § 1º, CF/1988).

A Emenda Constitucional nº 118 de 2020 inseriu o art. 212-A à Carta Magna, detalhando a distribuição de recursos pelos Estados, Distrito Federal e Municípios relativamente à área do ensino:

Art. 212-A. *Os Estados, o Distrito Federal e os Municípios destinarão parte dos recursos a que se refere o caput do art. 212 desta Constituição à manutenção e ao desenvolvimento do ensino* na educação básica e à remuneração condigna de seus profissionais, respeitadas as seguintes disposições:

I – a distribuição dos recursos e de responsabilidades entre o Distrito Federal, os Estados e seus Municípios é assegurada mediante a instituição, no âmbito de cada Estado e do Distrito Federal, de um Fundo de Manutenção e Desenvolvimento da Educação Básica e de Valorização dos Profissionais da Educação (Fundeb), de natureza contábil;

II – os fundos referidos no inciso I do *caput* deste artigo serão constituídos por 20% (vinte por cento) dos recursos a que se referem os incisos I, II e III do *caput* do art. 155, o inciso II do *caput* do art. 157, os incisos II, III e IV, do *caput* do art. 158 e as alíneas "a" e "b" do inciso I e o inciso II do *caput* do art. 159 desta Constituição;

III – os recursos referidos no inciso II do *caput* deste artigo serão distribuídos entre cada Estado e seus Municípios, proporcionalmente ao número de alunos das diversas etapas e modalidades da educação básica presencial matriculados nas respectivas redes, nos âmbitos de atuação prioritária, conforme estabelecido nos §§ 2º e 3º do art. 211 desta Constituição, observadas as ponderações referidas na alínea "a" do inciso X do *caput* e no § 2º deste artigo;

IV – a União complementará os recursos dos fundos a que se refere o inciso II do *caput* deste artigo;

V – a complementação da União será equivalente a, no mínimo, 23% (vinte e três por cento) do total de recursos a que se refere o inciso II do *caput* deste artigo, distribuída da seguinte forma:

a) 10 (dez) pontos percentuais no âmbito de cada Estado e do Distrito Federal, sempre que o valor anual por aluno (VAAF), nos termos do inciso III do *caput* deste artigo, não alcançar o mínimo definido nacionalmente;

b) no mínimo, 10,5 (dez inteiros e cinco décimos) pontos percentuais em cada rede pública de ensino municipal, estadual ou distrital, sempre que o valor anual total por aluno (VAAT), referido no inciso VI do *caput* deste artigo, não alcançar o mínimo definido nacionalmente;

c) 2,5 (dois inteiros e cinco décimos) pontos percentuais nas redes públicas que, cumpridas condicionalidades de melhoria de gestão previstas em lei, alcançarem evolução de indicadores a serem definidos, de atendimento e melhoria da aprendizagem com redução das desigualdades, nos termos do sistema nacional de avaliação da educação básica;

VI – o VAAT será calculado, na forma da lei de que trata o inciso X do *caput* deste artigo, com base nos recursos a que se refere o inciso II do *caput* deste artigo, acrescidos de outras receitas e de transferências vinculadas à educação, observado o disposto no § 1º e consideradas as matrículas nos termos do inciso III do *caput* deste artigo;

VII – os recursos de que tratam os incisos II e IV do *caput* deste artigo serão aplicados pelos Estados e pelos Municípios exclusivamente nos respectivos âmbitos de atuação prioritária, conforme estabelecido nos §§ 2º e 3º do art. 211 desta Constituição;

VIII – a vinculação de recursos à manutenção e ao desenvolvimento do ensino estabelecida no art. 212 desta Constituição suportará, no máximo, 30% (trinta por cento) da complementação da União, considerados para os fins deste inciso os valores previstos no inciso V do *caput* deste artigo;

IX – o disposto no *caput* do art. 160 desta Constituição aplica-se aos recursos referidos nos incisos II e IV do *caput* deste artigo, e seu descumprimento pela autoridade competente importará em crime de responsabilidade;

X – a lei disporá, observadas as garantias estabelecidas nos incisos I, II, III e IV do *caput* e no § 1º do art. 208 e as metas pertinentes do plano nacional de educação, nos termos previstos no art. 214 desta Constituição, sobre:

a) a organização dos fundos referidos no inciso I do *caput* deste artigo e a distribuição proporcional de seus recursos, as diferenças e as ponderações quanto ao valor anual por aluno entre etapas, modalidades, duração da jornada e tipos de estabelecimento de ensino, observados as respectivas especificidades e os insumos necessários para a garantia de sua qualidade;

b) a forma de cálculo do VAAF decorrente do inciso III do *caput* deste artigo e do VAAT referido no inciso VI do *caput* deste artigo;

c) a forma de cálculo para distribuição prevista na alínea "c" do inciso V do *caput* deste artigo;

d) a transparência, o monitoramento, a fiscalização e o controle interno, externo e social dos fundos referidos no inciso I do *caput* deste artigo, assegurada a criação, a autonomia, a manutenção e a consolidação de conselhos de acompanhamento e controle social, admitida sua integração aos conselhos de educação;

e) o conteúdo e a periodicidade da avaliação, por parte do órgão responsável, dos efeitos redistributivos, da melhoria dos indicadores educacionais e da ampliação do atendimento;

XI – proporção não inferior a 70% (setenta por cento) de cada fundo referido no inciso I do *caput* deste artigo, excluídos os recursos de que trata a alínea "c" do inciso V do *caput* deste artigo, será destinada ao pagamento dos profissionais da educação básica em efetivo exercício, observado, em relação aos recursos previstos na alínea "b" do inciso V do *caput* deste artigo, o percentual mínimo de 15% (quinze por cento) para despesas de capital;

XII – lei específica disporá sobre o piso salarial profissional nacional para os profissionais do magistério da educação básica pública;

XIII – a utilização dos recursos a que se refere o § 5º do art. 212 desta Constituição para a complementação da União ao Fundeb, referida no inciso V do *caput* deste artigo, é vedada.

§ 1º O cálculo do VAAT, referido no inciso VI do *caput* deste artigo, deverá considerar, além dos recursos previstos no inciso II do *caput* deste artigo, pelo menos, as seguintes disponibilidades:

I – receitas de Estados, do Distrito Federal e de Municípios vinculadas à manutenção e ao desenvolvimento do ensino não integrantes dos fundos referidos no inciso I do *caput* deste artigo;

II – cotas estaduais e municipais da arrecadação do salário-educação de que trata o § 6º do art. 212 desta Constituição;

III – complementação da União transferida a Estados, ao Distrito Federal e a Municípios nos termos da alínea "a" do inciso V do *caput* deste artigo.

§ 2º Além das ponderações previstas na alínea "a" do inciso X do *caput* deste artigo, a lei definirá outras relativas ao nível socioeconômico dos educandos e aos indicadores de disponibilidade de recursos vinculados à educação e de potencial de arrecadação tributária de cada ente federado, bem como seus prazos de implementação.

§ 3º Será destinada à educação infantil a proporção de 50% (cinquenta por cento) dos recursos globais a que se refere a alínea "b" do inciso V do *caput* deste artigo, nos termos da lei.

Por sua vez, no que tange ao direito à **saúde**, de acordo com a OMS, o vocábulo *saúde* pode ser definido como "um estado de completo bem-estar físico, mental e social, e não somente a ausência de doenças ou enfermidades. O gozo do grau máximo de saúde que se possa lograr é um dos direitos fundamentais do todo ser humano sem distinção de raça, religião, ideologia política ou condição econômica ou social. A saúde de todos os povos é uma condição fundamental para lograr a paz e a segurança, e depende da mais ampla cooperação das pessoas e dos Estados".[71]

Considerando a essencialidade, o direito à saúde consta expressamente na Declaração Universal dos Direitos Humanos de 1948, pois constitui meio de assegurar o direito à vida. O direito à saúde não se restringe apenas ao atendimento em hospitais ou unidades básicas, mas inclui outros elementos promovedores do bem-estar, tais como a alimentação, vestuário, habitação, lazer, cultura, etc. (art. 25, DUDH).[72]

Na perspectiva constitucional, a Carta Magna de 1988 trouxe grande avanço no tocante ao direito à saúde, elevando-o a nível de direito fundamental social (art. 6°, *caput*, CF/1988). Conforme Patrícia Werner, "categorizado como direito fundamental, o direito à saúde deve ser concretizado através do projeto constitucional denominado Sistema Único de Saúde (SUS), baseado nos princípios da igualdade, do acesso universal e da integralidade. A sua estrutura pressupõe a participação consciente da comunidade e o fortalecimento do sistema federativo, por ter sido desenhado com base em uma rede hierarquizada e regionalizada, com ênfase na atuação dos Municípios".[73]

A normatização da saúde possui seção específica no texto constitucional, notadamente a seção II da Seguridade Social (arts. 196 a 200). Nos termos da Constituição: "A saúde é direito de todos e dever do Estado, garantido mediante políticas sociais e econômicas que visem à redução do risco de doença e de outros agravos e ao acesso universal e igualitário às ações e serviços para sua promoção, proteção e recuperação" (art. 196). Outrossim, "as ações e serviços públicos de saúde integram uma rede regionalizada e hierarquizada e constituem um sistema único, organizado de acordo com as seguintes diretrizes: I – descentralização, com direção única em cada esfera de governo; II – atendimento integral, com prioridade para as atividades preventivas, sem prejuízo dos serviços assistenciais; III – participação da comunidade. O sistema único de saúde será financiado, nos termos do art. 195, com recursos do orçamento da seguridade social, da União, dos Estados, do Distrito Federal e dos Municípios, além de outras fontes" (art. 198, § 1°, CF/1988).

A Constituição também estabelece percentuais mínimos a serem aplicados em ações e serviços públicos de saúde a cargo dos entes

---

[71] OMS. Organización Mundial de la Salud. *Documentos Básicos*. 49ª edición 2020, p. 1. Disponível em: <https://apps.who.int/gb/bd/pdf_files/BD_49th-sp.pdf#page=1>. Acesso em 30-06-2021.

[72] FIOCRUZ. Fundação Oswaldo Cruz. *Direito à saúde*. Disponível em: <https://pensesus.fiocruz.br/direito-a-saude>. Acesso em 30-06-2021.

[73] WERNER, Patrícia Ulson Pizarro. *Direito à saúde*. Enciclopédia Jurídica da PUCSP. Disponível em: <https://enciclopediajuridica.pucsp.br/verbete/170/edicao-1/direito-a-saude>. Acesso em 30-06-2021.

federados: "A União, os Estados, o Distrito Federal e os Municípios aplicarão, anualmente, em ações e serviços públicos de saúde recursos mínimos derivados da aplicação de percentuais calculados sobre: I – no caso da União, a receita corrente líquida do respectivo exercício financeiro, não podendo ser inferior a 15% (quinze por cento); II – no caso dos Estados e do Distrito Federal, o produto da arrecadação dos impostos a que se refere o art. 155 e dos recursos de que tratam os arts. 157 e 159, inciso I, alínea a, e inciso II, deduzidas as parcelas que forem transferidas aos respectivos Municípios; III – no caso dos Municípios e do Distrito Federal, o produto da arrecadação dos impostos a que se refere o art. 156 e dos recursos de que tratam os arts. 158 e 159, inciso I, alínea b e § 3º" (art. 198, § 2º, I, II e III, CF/1988).

Além disso, cabe à lei complementar reavaliar, pelo menos a cada cinco anos: i – os percentuais mínimos a serem aplicados pelos entes na área da saúde; ii – os critérios de rateio dos recursos da União vinculados à saúde destinados aos Estados, ao Distrito Federal e aos Municípios, e dos Estados destinados a seus respectivos Municípios, objetivando a progressiva redução das disparidades regionais; iii – as normas de fiscalização, avaliação e controle das despesas com saúde nas esferas federal, estadual, distrital e municipal (art. 198, § 3º, I, II e III, CF/1988).

Em cumprimento do mandamento constitucional, a Lei Complementar nº 141, de 13 de fevereiro de 2012, regulamenta aos valores mínimos a serem aplicados anualmente pela União, Estados, Distrito Federal e Municípios em ações e serviços públicos de saúde; bem como estabelece os critérios de rateio dos recursos de transferências para a saúde e as normas de fiscalização, avaliação e controle das despesas com saúde nas 3 (três) esferas de governo.

Nos termos da LC nº 141/2012, "considerar-se-ão como despesas com ações e serviços públicos de saúde aquelas voltadas para a promoção, proteção e recuperação da saúde que atendam, simultaneamente, aos princípios estatuídos no art. 7º da Lei nº 8.080, de 19 de setembro de 1990, e às seguintes diretrizes: I – sejam destinadas às ações e serviços públicos de saúde de acesso universal, igualitário e gratuito; II – estejam em conformidade com objetivos e metas explicitados nos Planos de Saúde de cada ente da Federação; e III – sejam de responsabilidade específica do setor da saúde, não se aplicando a despesas relacionadas a outras políticas públicas que atuam sobre determinantes sociais e econômicos, ainda que incidentes sobre as condições de saúde da população. Além de atender aos critérios estabelecidos no *caput*, as despesas com ações e serviços públicos de saúde realizadas pela União, pelos Estados, pelo Distrito Federal e pelos Municípios deverão ser financiadas com recursos movimentados por meio dos respectivos fundos de saúde" (art. 2º).

Observadas as disposições do art. 200 da Constituição Federal, do art. 6º da Lei nº 8.080, de 19 de setembro de 1990, e do art. 2º da LC nº 141/2012, para efeito da apuração da aplicação dos recursos mínimos aqui estabelecidos, serão consideradas despesas com ações e serviços públicos de saúde as referentes a: I – vigilância em saúde, incluindo a epidemiológica e a sanitária; II – atenção integral e universal à saúde em todos os níveis de complexidade, incluindo assistência terapêutica e recuperação de deficiências nutricionais; III – capacitação do pessoal de saúde do Sistema Único de Saúde (SUS); IV – desenvolvimento científico e tecnológico e controle de qualidade promovidos por instituições do SUS; V – produção, aquisição e distribuição de insumos específicos dos serviços de saúde do SUS, tais como: imunobiológicos, sangue e hemoderivados, medicamentos e equipamentos médico-odontológicos; VI – saneamento básico de domicílios ou de pequenas comunidades, desde que seja aprovado pelo Conselho de Saúde do ente da Federação financiador da ação e esteja de acordo com as diretrizes das demais determinações previstas nesta Lei Complementar; VII – saneamento básico dos distritos sanitários especiais indígenas e de comunidades remanescentes de quilombos; VIII – manejo ambiental vinculado diretamente ao controle de vetores de doenças; IX – investimento na rede física do SUS, incluindo a execução de obras de recuperação, reforma, ampliação e construção de estabelecimentos públicos de saúde; X – remuneração do pessoal ativo da área de saúde em atividade nas ações de que trata este artigo, incluindo os encargos sociais; XI – ações de apoio administrativo realizadas pelas instituições públicas do SUS e imprescindíveis à execução das ações e serviços públicos de saúde; e XII – gestão do sistema público de saúde e operação de unidades prestadoras de serviços públicos de saúde (art. 3º).

Não constituirão despesas com ações e serviços públicos de saúde, para fins de apuração dos percentuais mínimos de que trata a Lei Complementar 141/2012, aquelas decorrentes de: I – pagamento de aposentadorias e pensões, inclusive dos servidores da saúde; II – pessoal ativo da área de saúde quando em atividade alheia à referida área; III – assistência à saúde que não atenda ao princípio de acesso universal; IV – merenda escolar e outros programas de alimentação, ainda que executados em unidades do SUS, ressalvando-se o disposto no inciso II do art. 3º; V – saneamento básico, inclusive quanto às ações financiadas e mantidas com recursos provenientes de taxas, tarifas ou preços públicos instituídos para essa finalidade; VI – limpeza urbana e remoção de resíduos; VII – preservação e correção do meio ambiente, realizadas pelos órgãos de meio ambiente dos entes da Federação ou por entidades não governamentais; VIII – ações de assistência social; IX – obras de infraestrutura, ainda que realizadas para beneficiar direta ou indiretamente a rede de saúde; e X – ações e serviços públicos de saúde custeados com recursos distintos dos especificados na base de cálculo definida nesta Lei Complementar ou vinculados a fundos específicos distintos daqueles da saúde (art. 4º).

No que se refere aos recursos mínimos a serem aplicados em ações e serviços de saúde, a União aplicará, anualmente, em ações e serviços públicos de saúde, o montante correspondente ao valor empenhado no exercício financeiro anterior, apurado nos termos desta Lei Complementar, acrescido de, no mínimo, o percentual correspondente à variação nominal do Produto Interno Bruto (PIB) ocorrida no ano anterior ao da lei orçamentária anual. Em caso de variação negativa do PIB, o valor de que trata o *caput* não poderá ser reduzido, em termos nominais, de um exercício financeiro para o outro (art. 5º).

Por sua vez, os Municípios e o Distrito Federal aplicarão anualmente em ações e serviços públicos de saúde, no mínimo, 15% (quinze por cento) da arrecadação dos impostos a que se refere o art. 156 e dos recursos de que tratam o art. 158 e a alínea "b" do inciso I do *caput* e o § 3º do art. 159, todos da Constituição Federal (art. 7º). Está compreendida na base de cálculo dos percentuais dos Estados, do Distrito Federal e dos Municípios qualquer compensação financeira proveniente de impostos e transferências constitucionais previstos no § 2º do art. 198 da Constituição Federal, já instituída ou que vier a ser criada, bem como a dívida ativa, a multa e os juros de mora decorrentes dos impostos cobrados diretamente ou por meio de processo administrativo ou judicial (art. 9º).

Para efeito do cálculo do montante de recursos, devem ser considerados os recursos decorrentes da dívida ativa, da multa e dos juros de mora provenientes dos impostos e da sua respectiva dívida ativa (art. 10). Os Estados, o Distrito Federal e os Municípios deverão observar o disposto nas respectivas Constituições ou Leis Orgânicas sempre que os percentuais nelas estabelecidos forem superiores aos fixados nesta Lei Complementar para aplicação em ações e serviços públicos de saúde (art. 11).

Registre-se que os recursos da União serão repassados ao Fundo Nacional de Saúde e às demais unidades orçamentárias que compõem o órgão do Ministério da Saúde, para ser aplicados em ações e serviços públicos de saúde. Os recursos da União previstos na Lei Complementar 141/2012 serão transferidos aos demais entes da Federação e movimentados, até a sua destinação final, em contas específicas mantidas em instituição financeira oficial federal, observados os critérios e procedimentos definidos em ato próprio do Chefe do Poder Executivo da União. A movimentação dos recursos repassados aos Fundos de Saúde dos Estados, do Distrito Federal e dos Municípios deve realizar-se, exclusivamente, mediante cheque nominativo, ordem bancária, transferência eletrônica disponível ou outra modalidade de saque autorizada pelo Banco Central do Brasil, em que fique identificada a sua destinação e, no caso de pagamento, o credor (art. 13, §§ 2º e 3º).

O Fundo de Saúde, instituído por lei e mantido em funcionamento pela administração direta da União, dos Estados, do Distrito Federal e dos Municípios, se constituirá em unidade orçamentária e gestora dos recursos destinados a ações e serviços públicos de saúde, ressalvados os recursos repassados diretamente às unidades vinculadas ao Ministério da Saúde (art. 14). O repasse dos recursos será feito diretamente ao Fundo de Saúde do respectivo ente da Federação e, no caso da União, também às demais unidades orçamentárias do Ministério da Saúde (art. 16).

A movimentação dos recursos variará conforme a necessidade de saúde da população e outros critérios objetivamente considerados: "o rateio dos recursos da União vinculados a ações e serviços públicos de saúde e repassados na forma do *caput* dos arts. 18 e 22 aos Estados, ao Distrito Federal e aos Municípios observará as necessidades de saúde da população, as dimensões epidemiológica, demográfica, socioeconômica, espacial e de capacidade de oferta de ações e de serviços de saúde e, ainda, o disposto no art. 35 da Lei nº 8.080, de 19 de setembro de 1990, de forma a atender os objetivos do inciso II do § 3º do art. 198 da Constituição Federal" (art. 17).

Igualmente, o rateio dos recursos dos Estados transferidos aos Municípios para ações e serviços públicos de saúde será realizado segundo o critério de necessidades de saúde da população e levará em consideração as dimensões epidemiológica, demográfica, socioeconômica e espacial e a capacidade de oferta de ações e de serviços de saúde, observada a necessidade de reduzir as desigualdades regionais, nos termos do inciso II do § 3º do art. 198 da Constituição Federal. Os Planos Estaduais de Saúde deverão explicitar a metodologia de alocação dos recursos estaduais e a previsão anual de recursos aos Municípios, pactuadas pelos gestores estaduais e municipais, em comissão intergestores bipartite, e aprovadas pelo Conselho Estadual de Saúde (art. 19, § 1º)

Como forma de permitir o controle, o Poder Executivo, na forma estabelecida no inciso II do *caput* do art. 9º da Lei nº 8.080, de 19 de setembro de 1990, manterá o respectivo Conselho de Saúde e Tribunal de Contas informados sobre o montante de recursos previsto para transferência do Estado para os Municípios com base no Plano Estadual de Saúde (art. 19, § 2º).

As transferências dos Estados para os Municípios destinadas a financiar ações e serviços públicos de saúde serão realizadas diretamente aos Fundos Municipais de Saúde, de forma regular e automática, em conformidade com os critérios de transferência aprovados pelo respectivo Conselho de Saúde (art. 20). Os Estados e os Municípios que estabelecerem consórcios ou outras formas legais de cooperativismo, para a execução conjunta de ações e serviços de saúde e cumprimento da diretriz constitucional de regionalização e hierarquização da rede de serviços, poderão remanejar entre si parcelas dos recursos dos Fundos de Saúde derivadas tanto de receitas próprias como de transferências obrigatórias, que serão administradas segundo modalidade gerencial pactuada pelos entes envolvidos (art. 21).

Portanto, com o escopo de realizar o direito fundamental social da *educação* e da *saúde*, é dever dos Municípios aplicar, pelo menos, o mínimo exigido da receita municipal na manutenção e no desenvolvimento do ensino e nas ações e serviços públicos de saúde, sob pena de sujeitarem-se à intervenção estadual (art. 35, III, CF/1988).

9.4. Intervenção por provimento

Finalmente, a quarta categoria interventiva estadual é a *intervenção por provimento*, que ocorre quando o Tribunal de Justiça julga procedente representação para assegurar a observância de princípios indicados na Constituição Estadual, ou para executar lei, ordem ou decisão judicial (art. 35, IV, CF/1988).

Como se vê, a intervenção por provimento subdivide-se em duas hipóteses distintas: i) assegurar princípios constitucionais sensíveis estaduais; ii) prover a execução de lei, ordem ou decisão judicial. No provimento para *assegurar princípios constitucionais sensíveis estaduais*, a medida interventiva tem por escopo garantir a obediência, na esfera municipal, dos postulados constantes na Constituição do Estado-Membro. Nesse caso, a intervenção afigura-se instrumento necessário para promover o respeito à Lei Maior do Estado federado no âmbito da municipalidade, de modo a afastar a ação ou omissão inconstitucional pelas autoridades municipais. Por sua vez, no provimento para *prover a execução de lei, ordem ou decisão judicial*, a medida interventiva destina-se a providenciar a aplicação da lei ou determinação proferida pelo Poder Judiciário, ou seja, a interferência estadual propicia o cumprimento da lei, do mandado ou da resolução judicial no âmbito da municipalidade.

Nessa situação, a intervenção constitui meio de promover obediência às normas e às deliberações dos órgãos judicantes pelas autoridades municipais, pois caso contrário, o Município eximir-se-ia de obedecer ao ordenamento jurídico, beneficiando-se da sua própria arbitrariedade, além de prejudicar os seus cidadãos.

Exemplo de intervenção estadual em município para prover o cumprimento de decisão judicial ocorreu no Estado de São Paulo, conforme decreto abaixo:[74]

DECRETO Nº 41.859, DE 12 DE JUNHO DE 1997

Dispõe sobre intervenção no Município de Lindóia.

MÁRIO COVAS, Governador do Estado de São Paulo, no uso de suas atribuições legais, e considerando os termos dos Ofícios n.ºs. 1.176/95, 1.573/95 e 1.061/96, expedidos pelo Excelentíssimo Senhor Presidente do Egrégio Tribunal de Justiça de São Paulo, diante do decidido nos autos da Intervenção Estadual n.2 21.145.0/5, em que figura como requerente PROEST – Progresso das Estâncias Ltda. e requerido o Município da Estância Hidromineral de Lindóia,

Decreta:

Artigo 1º Fica decretada a intervenção no Município da Estância Hidromineral de Lindóia, com a finalidade de prover o cumprimento de decisão judicial.

Artigo 2º A intervenção ora decretada vigorará pelo prazo de 90 (noventa) dias que poderá ser prorrogado, por meio de decreto específico, se não for suficiente para o restabelecimento da normalidade, ou reduzido, se cessada a necessidade desta medida.

Artigo 3º Fica designado como interventor o Sr. ANTONIO CARLOS VIEIRA DE SOUSA, R.G. 3.889.791-SSP, que administrará o Município da Estância Hidromineral de Lindóia, durante o período de intervenção.

Artigo 4º O interventor deverá prestar contas de seus atos ao Governador do Estado e de sua administração financeira ao Tribunal de Contas do Estado, nos termos do artigo 149, § 5º, da Constituição do Estado.

Artigo 5º Este decreto entrará em vigor na data de sua publicação.

Palácio dos Bandeirantes, 12 de junho de 1997

MÁRIO COVAS

Walter Feldman

Secretário-Chefe da Casa Civil

Dalmo do Valle Nogueira Filho

Secretário-Adjunto, Respondendo pelo Expediente da Secretaria do Governo e Gestão Estratégica

Publicado na Secretaria de Estado do Governo e Gestão Estratégica, aos 12 de junho de 1997.

---

[74] SÃO PAULO. Assembleia Legislativa do Estado de São Paulo. Decreto nº 41.859, de 12 de junho de 1997. *Dispõe sobre intervenção no Município de Lindóia.* Disponível em: <https://www.al.sp.gov.br/repositorio/legislacao/decreto/1997/decreto-41859-12.06.1997.html>. Acesso em 15-07-2021.

Assim, a intervenção por provimento decorre do acolhimento de representação proposta pela autoridade competente perante o Tribunal de Justiça do Estado federado, surgindo a figura da *representação interventiva estadual*. Essa representação possui natureza de ação constitucional, sendo um mecanismo para salvaguardar os cânones da Constituição da República, bem como os princípios indicados da Constituição Estadual, assegurando que os Municípios respeitem os preceitos inerentes ao Estado Democrático de Direito, sobretudo a obediência às leis e às determinações judiciais (art. 35, IV, CF/1988).

Por meio da ação constitucional restauratória, a representação interventiva estadual garante a submissão do Município às leis criadas pelo Poder Legislativo e o acatamento às decisões emanadas do Poder Judiciário, de modo que a municipalidade ostente as mesmas diretrizes jurídico-constitucionais do restante das unidades federadas, harmonizando-se com o espírito federalista. Com o instituto da intervenção, o Município recalcitrante finda por se submeter às regras aplicáveis à União, aos Estados e ao DF, impedindo que o Município promova intencional ruptura com os valores da Lei Fundamental.

10. Pressupostos materiais e formais na CF/1988

A intervenção de um ente federado em outro requer o atendimento de elementos substanciais (*pressupostos materiais*) e requisitos externos (*pressupostos formais*) para sua regular decretação e implementação. Os pressupostos da intervenção são cumulativos, de modo que não atende à Carta Magna somente o cumprimento dos pressupostos materiais ou somente os pressupostos formais, visto que ambos são interdependentes. Diante disso, afigura-se imprescindível a obediência simultânea dos pressupostos materiais e formais traçados na Constituição da República, haja vista que regulam as condições para efetivar medida extrema do federalismo.

Os pressupostos materiais e formais da intervenção constam nos artigos 34 a 36 da Constituição Federal. Há casos em que o Estado-Membro somente pode intervir mediante provocação do Poder competente (intervenção por provimento). Não obstante, existem outras hipóteses em que a intervenção dos Estados nos seus Municípios ocorre de ofício, isto é, *ex-jure proprio* (art. 35, I, II e III, da CF/1988). Isso porque comumente o Chefe do Poder Executivo decreta a intervenção, sendo a medida apreciada pelo Poder Legislativo, que pode decidir acerca das medidas interventivas. Não obstante, há casos em que a intervenção provém de decisão judicial que a requisita ou que a julga procedente para assegurar os princípios constitucionais sensíveis, resultante da representação interventiva apreciada pelo TJ (art. 35, IV, CF/1988).

Assim, os Poderes Executivo, Legislativo e Judiciário possuem participação no fenômeno "intervenção estadual", a depender da modalidade interventiva. Por conseguinte, a intervenção estadual nas municipalidades somente pode ocorrer por parte dos Poderes da República nas estritas hipóteses constitucionais que autorizam excepcionalmente a intervenção, visto que a regra geral é que o "Estado não intervirá", o que inclui o Executivo, o Legislativo e o Judiciário.

10.1. Pressupostos materiais

Os *pressupostos materiais* são as condições fáticas elementares que autorizam a decretação de intervenção dos Estados nos Municípios, ou seja, são os requisitos de fundo deflagradores da intromissão da unidade regional na esfera de competência da unidade municipal.

Relativamente à intervenção estadual nos seus municípios, os pressupostos materiais constam no art. 35 da Constituição Federal, vedando-se a interferência, salvo: "I – deixar de ser paga, sem motivo de força maior, por dois anos consecutivos, a dívida fundada; II – não forem prestadas contas devidas, na forma da lei; III – não tiver sido aplicado o mínimo exigido da receita municipal na manutenção e desenvolvimento do ensino e nas ações e serviços públicos de saúde; IV – o Tribunal de Justiça der provimento a representação para assegurar a observância de princípios indicados na Constituição Estadual, ou para prover a execução de lei, de ordem ou de decisão judicial".

Além desses preceitos consagrados na Carta Magna, a Constituição do Estado federado pode indicar outros princípios a serem observados pelas municipalidades, devendo constar na respectiva Constituição Estadual (art. 35, IV, primeira parte, CF/1988). À vista disso, na intervenção estadual, os pressupostos materiais ostentam natureza híbrida, porquanto é composto tanto pelos postulados constantes no art. 35 da Constituição Federal quanto por outros princípios que podem ser apontados na Constituição do Estado-Membro, de modo a exigir a análise conjunta dos textos normativos.

10.2. Pressupostos formais

Os *pressupostos formais* são os requisitos exteriores elementares que revestem a decretação de intervenção dos Estados-Membros nos seus Municípios, isto é, são as regras que disciplinam o rito deflagrador e o modo de executar a intromissão do ente regional na esfera de competência do ente municipal. Os pressupostos formais, por se tratar de exigências formalísticas que condicionam o procedimento interventivo, repercutem diretamente na validade ou na invalidade da intervenção.

Assim, impõe-se a estrita observância dos requisitos constitucionais que estabelecem a maneira de proceder durante a fase prévia e na execução propriamente dita dos atos interventivos, sob pena de incorrer em inconstitucionalidade e, por conseguinte, na nulidade da providência adotada. Em síntese, a forma (pressupostos formais) condiciona a validade dos atos praticados (pressupostos materiais), havendo relação de interdependência.

Para esta corrente, os pressupostos formais de intervenção subdividem-se em quatro momentos: ***i – fase prévia*** (são as condições que antecedem a regularidade da prática do ato interventivo, isto é, são requisitos nos quais depende a própria decretação de intervenção. Nessa modalidade inclui-se a intervenção quando o Tribunal de Justiça der provimento à representação para assegurar a observância de princípios indicados na Constituição Estadual, ou para prover a execução de lei, de ordem ou de decisão judicial (art. 35, IV, CF de 1988). Ou seja, exige-se o prévio "provimento" da representação pelo Poder Judiciário estadual; ***ii – fase executória*** (são as condições que regulam a maneira de executar a intervenção, limitando-a. Nessa etapa, exige-se que o decreto de intervenção especifique a amplitude, o prazo e as condições da execução; bem como, se couber, a nomeação do interventor. Além disso, o decreto interventivo deve limitar-se a suspender a execução do ato impugnado, se essa medida bastar ao restabelecimento da normalidade que se objetiva solucionar – art. 36, § 1°, CF de 1988); ***iii – fase homologatória*** (algumas hipóteses interventivas requerem a aprovação pelo Poder Legislativo da intervenção decretada pelo Poder Executivo, sendo necessário que os representantes do povo confirmem a efetiva necessidade da intervenção, legitimando-a. Em casos assim, o Governador do Estado decreta a intervenção por iniciativa e avaliação própria, mas no prazo de vinte e quatro horas o ato deve ser submetido à Assembleia Legislativa para aprovar ou rejeitar a medida interventiva. Nessa etapa, inclui-se a intervenção quando: a) deixar de ser paga, sem motivo de força maior, por dois anos consecutivos, a dívida fundada; b) não forem prestadas contas devidas, na forma da lei; c) não tiver sido aplicado o mínimo exigido da receita municipal na manutenção e desenvolvimento do ensino e nas ações e serviços públicos de saúde – art. 35, I, II e III, CF de 1988); ***iv – fase cessatória*** (consiste no desaparecimento dos fatos deflagradores da intervenção, ou seja, é a ausência posterior dos motivos justificadores da medida interventiva, ensejando, por conseguinte, o retorno das autoridades afastadas aos seus respectivos cargos anteriormente exercidos, salvo impedimento legal. Nessa etapa, cessa a intervenção estadual na estrutura organizacional do Município, de modo que as autoridades municipais retornem às suas funções, ressalvada existência de óbice legal. Consectariamente, veda-se a perpetuação da interferência do Estado-Membro na esfera de competência da municipalidade, sob pena de aniquilar a autonomia político-administrativa dos entes federados. Sem embargo, excepcionalmente e de comum acordo, é possível a continuidade do auxílio estadual aos entes municipais caso haja pedido expresso por parte do

Município, a exemplo de convênio ou acordo para transferência de recursos financeiros, equipamentos, tecnologia, pessoal, etc., a fim de aprimorar o serviço público local.

A inobservância dos requisitos constitucionais que disciplinam a intervenção implica a inconstitucionalidade da medida. Tratando-se de intervenção estadual nas municipalidades, a análise de constitucionalidade será de competência do respectivo Tribunal de Justiça.

10.3. Iniciativa e execução da intervenção

A *iniciativa* da intervenção refere-se ao direito ou ao dever de uma autoridade desencadear a providência interventiva na unidade federada, ou seja, é o ato de instaurá-la para permitir a efetivação da providência. Em virtude da iniciativa, atribuiu-se competência a determinado agente para inaugurar a interferência de um ente federado em outro, sendo um poder/dever.

A seu turno, a *execução* da intervenção consiste no cumprimento da providência a ser implementada, ou seja, é a efetivação dos atos de interferência do Estado nos seus Municípios, concretizando-os. A execução pressupõe a existência de ato materializador respaldado em decisão anteriormente prolatada, quer dizer, é a realização do que já fora determinado. Dessa forma, a execução significa o desempenho de deliberação prévia, sendo apenas um meio para se alcançar o fim projetado.

Nos termos da Constituição, compete privativamente ao Presidente da República decretar e executar a intervenção federal (art. 84, X, CF/1988). Conforme lição de Celso Ribeiro Bastos, "somente o Presidente da República tem o poder de decretar a intervenção, não podendo negar-se a decretá-la quando solicitado pelos outros Poderes, nas hipóteses constitucionais".[75] Em razão do princípio da simetria, aplica-se a mesma regra aos Governadores de Estado.

Diante disso, a *iniciativa* para decretar a intervenção estadual cabe ao Governador do respectivo Estado-Membro, tendo também o "direito" ou o "dever" de *executá-la*. Isso porque às vezes detém a iniciativa discricionária para decretar ou não a intervenção (direito), ao passo que em certas hipóteses a decretação constitui obrigação resultante do cargo exercido (dever), sendo uma iniciativa provocada.

O Governador do Estado possui *iniciativa discricionária* para decretar a intervenção estadual nos seus Municípios quando I – deixar

[75] BASTOS, Celso Ribeiro; MARTINS, Ives Gandra. *Comentários à Constituição do Brasil*. 4º volume – tomo II. Arts. 70 a 91. São Paulo: Saraiva, 1997, p. 306.

de ser paga, sem motivo de força maior, por dois anos consecutivos, a dívida fundada; II – não forem prestadas contas devidas, na forma da lei; e III – não tiver sido aplicado o mínimo exigido da receita municipal na manutenção e no desenvolvimento do ensino e nas ações e serviços públicos de saúde (art. 35, CF/1988). Nesses casos, trata-se de *direito* do Governador de decretar a intervenção estadual, que poderá escolher por implementá-la ou não, a depender da sua avaliação acerca do caso concreto. Vale dizer, nessas hipóteses previstas constitucionalmente, a decisão de intervir em outro ente federado compete ao Chefe do Poder Executivo, que avaliará de forma discricionária, de acordo com a oportunidade e conveniência da medida, podendo agir por sua própria iniciativa.

Noutro giro, em determinadas hipóteses, incumbe ao Governador do Estado o *dever* de decretar a intervenção estadual, ostentando a natureza de *iniciativa provocada*. Trata-se de um dever institucional, que decorre do cargo de gestor estadual, bem como pelo compromisso de "manter, defender e cumprir a Constituição" (art. 78, CF/1988). São as seguintes as causas deflagradoras da iniciativa provocada para decretar a intervenção: o Tribunal de Justiça der provimento à representação para assegurar a observância de princípios indicados na Constituição Estadual, ou para prover a execução de lei, de ordem ou de decisão judicial (art. 35, IV, CF/1988).

Sinteticamente, o Governador possui a "iniciativa discricionária" para decretar a intervenção nos seus Municípios nas hipóteses constantes nos incisos I, II e III do art. 35 da Carta Magna. Já a "iniciativa provocada" ocorre nas hipóteses previstas do inciso IV do art. 35 da Constituição Federal de 1988.

Ainda no o que se refere à autoridade para propor a *representação interventiva estadual* no Tribunal de Justiça, a designação pode ser estabelecida pela Constituição do Estado-Membro ou por lei estadual. Sem embargo, é legitimado para propor a referida ação constitucional o Procurador-Geral de Justiça do Ministério Público, porquanto é o Chefe do *Parquet* no âmbito regional (art. 36, III, c/c art. 129, IV, CF de 1988). Outrossim, esta corrente entende que a Constituição Estadual, ou lei própria da respectiva unidade federada, Lei Orgânica do MP de Contas, Regimento Interno do TCE, etc. podem ampliar o rol de legitimados, a exemplo de autorizar o suscitamento da intervenção pelo Procurador do Ministério Público de Contas, Conselheiro do Tribunal de Contas, Procurador-Geral do Estado, partido político com representação na Assembleia Legislativa, etc. Isso porque compete aos Estados-Membros legislar concorrentemente sobre "procedimentos em matéria processual", nos termos do art. 24, XI, da Constituição Federal de

1988, de modo que as unidades regionais detêm autonomia, principalmente quando a medida fortalece o Estado Republicano.

Tal perspectiva é salutar, visto que as referidas autoridades podem contribuir sobremodo com os conhecimentos especializados da sua área de competência. Por exemplo, na intervenção por ausência de aplicação do mínimo da receita tributária em serviços de ensino e saúde (art. 35, III, CF/1988), cabe ao Tribunal de Contas efetuar o cálculo das quotas referentes ao fundo de participação que a União repassa aos Estados e Municípios, bem como acompanhar a movimentação dos recursos (art. 161, parágrafo único, CF da 1988 c/c art. 17, § 3º, LC nº 141 de 2012). Igualmente, na intervenção para prover a execução de lei, ordem ou decisão judicial, a Procuradoria-Geral do Estado pode auxiliar na fiscalização do cumprimento das normas estaduais pelos seus Municípios, cabendo ainda aos Procuradores do Estado exercer a representação judicial e consultoria jurídica das respectivas unidades federadas (art. 132, CF/1988).

Ademais, essa hipótese circunscreve-se a requisito processual, ou seja, não implica alteração nos pressupostos materiais, conteúdo do decreto interventivo ou quaisquer outras vulnerações a autonomia municipal, mas tão somente amplia o rol de legitimados para provocar o controle estatal.

Impende salientar que a Constituição Federal de 1988 prevê a atuação do Tribunal de Contas na fiscalização orçamentária, operacional e patrimonial do Estado, podendo suscitar a intervenção nas hipóteses dos incisos I, II e III do art. 35 c/c art. 75 da CF de 1988. Nesse sentido, conforme expressa disposição constitucional, compete à Corte de Contas "representar ao Poder competente sobre irregularidades ou abusos apurados" (art. 71, XI, CF/1988). E mais: compete ao membro do Ministério Público junto aos Tribunais de Contas representar ao órgão competente para fins de intervenção dos Estados, nos casos previstos constitucionalmente, conforme inteligência dos art. 130 c/c art. 129, IV, da Carta Magna:

> Art. 129. São funções institucionais do Ministério Público:
>
> [...]
>
> IV – *promover a ação* de inconstitucionalidade ou *representação para fins de intervenção* da União e *dos Estados*, nos casos previstos nesta Constituição.
>
> **Art. 130**. Aos membros do Ministério Público junto aos Tribunais de Contas aplicam-se as disposições desta seção pertinentes a direitos, vedações e forma de investidura. (Grifos nossos)

Portanto, havendo inobservância aos preceitos legais, as aludidas autoridades podem colaborar na defesa do ordenamento jurídico estadual, detendo legitimidade para propor ao Governador do Estado a intervenção nos seus Municípios, mormente quando autorizadas pela Constituição, pela lei do Estado-Membro ou por outro ato normativo idôneo, pois já ostentam legitimidade por força dos dispositivos constitucionais supramencionados. Assim, a atribuição de competência a outros órgãos, a exemplo do Tribunal de Contas e o referido Ministério Público, detém assento constitucional e fundamento de validade, de modo que tal previsão não ofende o princípio da imodificabilidade da intervenção ou outros preceitos regedores do tema.

A título de ilustração, o Tribunal de Contas do Estado de Mato Grosso representou pela decretação de intervenção estadual no município de Acorizal, conforme noticiado no *site* da respectiva Corte:[76]

> "Ao emitir parecer prévio contrário à aprovação das Contas Anuais de Governo do prefeito de Acorizal, Clodoaldo Monteiro da Silva, o Pleno do Tribunal de Contas de Mato Grosso instaurou Tomada de Contas e representou ao governador de Mato Grosso, Pedro Taques, intervenção do Estado no município. A decisão foi apresentada pelo conselheiro interino Luiz Henrique Lima em seu voto vista em razão da omissão do gestor na prestação das Contas Anuais de Governo, exercício de 2017. O relator das contas de Acorizal é o conselheiro interino Luiz Carlos Pereira, que acolheu o voto vista na sessão plenária do dia 11/12. A Câmara Municipal de Acorizal será comunicada pelo TCE e o Poder Judiciário, para adoção das providências, já que ao não prestar contas à Corte de Contas, o gestor cometeu crime de responsabilidade. O Ministério Público do Estado de Mato Grosso também será comunicado, para adoção das providências que entender pertinentes à ocorrência de fatos que caracterizam o ato de improbidade administrativa. Foi determinado ainda pelo Pleno do TCE a instauração de Tomada de Contas Ordinária para apuração da situação contábil, orçamentária, financeira, operacional e patrimonial do município de Acorizal no exercício de 2017. O conselheiro interino Luiz Henrique Lima lembrou que a Lei Orgânica do TCE-MT estipula, no parágrafo único e no *caput* do art. 29, que as contas anuais do Chefe do Poder Executivo deverão ser remetidas ao Tribunal de Contas em até 60 dias após o dia 15 de fevereiro do ano subsequente, 'sob pena de emissão de parecer negativo e representação ao governador do Estado pela intervenção no município', disse em seu voto. 'Se estamos diante de um crime de responsabilidade, de um de ato de improbida-

[76] TCE-MT. Tribunal de Contas do Estado de Mato Grosso. *TCE pede intervenção do Estado no município de Acorizal.* Notícias: 12 de dezembro de 2018, 11h01. Disponível em: <https://www.tce.mt.gov.br/conteudo/show/sid/73/cid/47915/t/TCE+pede+interven%E7%E3o+do+Estado+no+munic%EDpio+de+Acorizal>. Acesso em 15-07-2021.

de administrativa e de um motivo ensejador de intervenção estadual no município, como imaginar que se possa emitir Parecer Prévio que não seja contrário à aprovação de tais contas?', questionou o conselheiro interino. Nos últimos anos, o TCE de Mato Grosso solicitou ao Governo de Mato Grosso intervenção do Estado nos municípios de Chapada dos Guimarães e Santo Antônio do Leverger, ambos por não terem prestado contas do exercício de 2015".

Ademais, os Estados-Membros detêm autonomia para organizar a sua Justiça, devendo apenas observar os princípios constitucionais, mas não reproduzir todas as pormenorizações constantes na Constituição Federal (art. 125, CF/1988). Por exemplo, ao se adotar o recurso da analogia no controle de constitucionalidade federal e estadual, são nove os legitimados para propor ADI e ADC na órbita federal (art. 103, I a IX, CF/1988), ao passo que no âmbito estadual a Carta Magna não indica os legitimados responsáveis pelo controle de constitucionalidade nos Estados-Membros, vedando apenas a atribuição da legitimação para agir a um único órgão (art. 125, § 2º, CF/1988).

Consectariamente, as unidades federadas estaduais são titulares de liberdade para designar os legitimados na promoção da sua Justiça, isto é, para indicar os responsáveis pela defesa da sua Constituição, das normas jurídicas e das decisões judiciais no âmbito dos seus Municípios. Tal sistemática é salutar, porquanto fortalece o Estado Democrático de Direito, bem como amplia a preservação do ordenamento jurídico. Vedar o exercício dessa prerrogativa institucional significa tolher a autonomia dos Estados-Membros – vulnerando princípio básico do federalismo –, além de reduzir a atuação estadual a mero repetidor das normas da União, aniquilando o aprimoramento de institutos, mesmo que aplicados no âmbito restrito das unidades regionais.

Malgrado a doutrina acima propugnada, o STF entende pela inconstitucionalidade da atribuição de competência interventiva estadual ao Tribunal de Contas do Estado, por não reproduzir os termos dos arts. 34 e 36 da Lei Fundamental: "Ação direta de inconstitucionalidade. 2. Inconstitucionalidade das expressões 'ou do Tribunal de Contas do Estado' e 'ou pelo Tribunal de Contas do Estado', contidas no art. 38, inciso I, § 1º, da Constituição do Estado do Amapá. 3. Atribuição de competência ao Tribunal de Contas do Estado para intervenção estadual em município. 4. Violação aos artigos 34 e 36 da Constituição Federal. Precedentes: ADI 614 e ADI 2.631. 5. Ação direta de inconstitucionalidade julgada procedente" (ADI 3029/AP – Tribunal Pleno – Rel. Min. Gilmar Mendes – Julgamento: 27/03/2020). No mesmo sentido: "É inconstitucional a atribuição conferida, pela Constituição do Pará, art. 85, I, ao Tribunal de Contas dos Municípios, para requerer ao governador do Estado a intervenção em Município. Caso em que o

Tribunal de Contas age como auxiliar do Legislativo Municipal, a este cabendo formular a representação, se não rejeitar, por decisão de dois terços dos seus membros, o parecer prévio emitido pelo Tribunal (CF, art. 31, § 2º)" - ADI 2.631, Rel. Min. Carlos Velloso, j. 29-8-2002, P, DJ de 8-8-2003.

No que alude à *execução* da intervenção estadual, o seu conteúdo e abrangência variará conforme o estabelecido no decreto interventivo. Este, por sua vez, dependerá da natureza da violação constitucional e das medidas adequadas para restabelecer os valores e regras estampadas na Constituição da República. Ou seja, a execução da medida interventiva tem por finalidade restaurar a ordem jurídico-constitucional que fora transgredida por ato ou fato ilícito.

A efetivação da intervenção estadual no Município perfectibilizar-se-á nos termos constantes no decreto interventivo editado pelo Governador do Estado. O decreto de intervenção é o parâmetro limitador da execução das medidas, circunscrevendo o seu conteúdo e os seus contornos.

À vista disso, a execução da intervenção será diversificada a depender se tiver por finalidade: I – deixar de ser paga, sem motivo de força maior, por dois anos consecutivos, a dívida fundada; II – não forem prestadas contas devidas, na forma da lei; III – não tiver sido aplicado o mínimo exigido da receita municipal na manutenção e desenvolvimento do ensino e nas ações e serviços públicos de saúde; IV – o Tribunal de Justiça der provimento à representação para assegurar a observância de princípios indicados na Constituição Estadual, ou para prover a execução de lei, de ordem ou de decisão judicial (art. 35, CF/1988).

Em outras palavras, não há uma prefixação minuciosa dos atos a serem praticados na intervenção estadual (execução interventiva), visto que variará conforme as circunstâncias existentes ao tempo da decretação. Isto é, as características, o teor, a intensidade e a extensão dos atos efetivadores da intervenção dependerão da causa interventiva que se objetiva restaurar, devendo-se atentar para o princípio da proporcionalidade (necessidade, adequação e proporção), bem como para os limites consubstanciados na Carta Magna de 1988. A execução da intervenção estadual deve adotar a medida menos drástica na materialização dos seus efeitos, visto que se destina tão somente ao restabelecimento da normalidade. Se for suficiente a mera suspensão do ato impugnado, essa será o conteúdo da execução, pois bastará para a solução constitucional. Nesse sentido é a determinação da Carta Magna: "Nos casos do art. 34, VI e VII, ou do art. 35, IV, dispensada a apreciação pelo Congresso Nacional ou pela Assembleia Legislativa, *o decreto limitar-se-á a suspender a execução do ato impugnado, se essa medida bastar ao restabelecimento da normalidade"* (art. 36, § 3°, CF/1988).

Portanto, a execução da intervenção estadual na municipalidade requer observância sistemática dos princípios constitucionais, dialogando-se com a interpretação teleológica e o da unidade da Constituição.

10.4. Amplitude, prazo, condições e aprovação

A *amplitude* significa a extensão da medida imposta no decreto interventivo, isto é, a dimensão da providência constante no decreto editado pelo Governador de Estado (intervenção estadual). A amplitude repercute diretamente no alcance da intervenção, notadamente na indicação do Poder municipal atingido, bem como na especificação do ente sujeito à interferência (nomenclatura). Dessa forma, a amplitude da intervenção definirá a unidade federada, o Poder atingido, a área governamental, os órgãos públicos, as unidades administrativas, as atividades, os seguimentos sujeitos à atuação federal, etc.

A amplitude também se correlaciona aos objetivos da intervenção, visto que a abrangência da medida variará de acordo com o propósito almejado com a interferência dos Estados-Membros nos seus Municípios. Além disso, a especificação da finalidade no decreto interventivo constitui limite objetivo da providência, possibilitando confrontar com o princípio da proporcionalidade, assim como permite perscrutar a sua efetiva necessidade pelo Poder Legislativo nas hipóteses nas quais caiba aprovar a intervenção.

Por sua vez, o *prazo* da intervenção significa o tempo de duração da medida, ou seja, a prefixação de início e do fim da produção dos efeitos da interferência do Estado na municipalidade. Dessa forma, o prazo implica o estabelecimento de data para a vigência da intervenção, sendo ineficaz quando expirado o seu limite temporal, ressalvado se houver prorrogação ou nova decretação. Quando de sua publicação, o decreto editado pelo Poder Executivo deve explicitar a duração da intervenção, predefinindo a expiração interventiva. Todavia, antes do término do prazo da intervenção, esta poderá ser prorrogada, se ainda persistirem as circunstâncias ensejadoras da intervenção. Se expirado o prazo, deve ser publicado novo decreto interventivo, sendo necessário cumprir os pressupostos formais e materiais previstos na Carta Magna.

As *condições* da intervenção referem-se à natureza dos atos interventivos, que variará conforme as circunstâncias fáticas ensejadoras da interferência na unidade federada, ou seja, são as características a serem implementadas de acordo com o evento futuro e incerto provocador da intervenção. As condições guardam pertinência intrínseca com a conjuntura violadora dos preceitos constitucionais desestabilizadores do Estado federal. A natureza dos atos a serem praticados correlacionam-se à situação ilícita existente, à qual se pretende restaurar.

Considerando a relevância e o impacto jurídico-constitucional, as condições de execução devem ser previstas na edição do decreto, publicado pelo Governador de Estado quando suceder a intervenção estadual nos seus Municípios. As condições da intervenção incluem, entre outros, os atos a serem praticados, as medidas que poderão ser adotadas, a eventual nomeação do interventor – caso a autoridade interventora repute necessário –, a definição das atribuições conferidas ao interventor, etc.

Finalmente, em alguns casos, a decretação de intervenção requer a aprovação pelo Poder Legislativo. A *aprovação* significa consentir com a providência interventiva, isto é, traduz-se na aceitação da medida adotada. O ato de aprovar ocorre no momento seguinte à decretação, ou seja, primeiramente, publica-se o decreto interventivo no Diário Oficial do Estado para em seguida ocorrer a apreciação pelo órgão competente, a quem compete aprovar ou rejeitar. Nos termos da Carta Magna, compete privativamente ao Presidente da República "decretar" a intervenção federal (art. 84, X, CF/1988), ao passo que compete exclusivamente ao Congresso Nacional "aprovar" a intervenção federal (art. 49, IV, CF/1988). Tal regra se aplica à intervenção estadual em razão do princípio da simetria. Diante disso, comumente, a medida interventiva possui controle duplo, visto que depende de ato propulsor a cargo do Chefe do Poder Executivo e, simultaneamente, necessita da aquiescência do Poder Legislativo, proporcionando maior proteção ao Estado federal. Se porventura não houver a atuação conjunta dos referidos órgãos, o ato padecerá de vício de validade, sendo inconstitucional.

Registre-se que o Poder Legislativo do Estado-Membro é exercido pela Assembleia Legislativa, de modo que o decreto de intervenção é apreciado pela Casa Legiferante que abarca o Estado federado, ou seja, pela junção dos representantes de todos os referidos Municípios (art. 27, CF/1988).

Além disso, exige-se prazo para que o decreto de intervenção estadual seja encaminhado ao Poder Legislativo, uma vez que, sendo editado o decreto pelo Chefe do Poder Executivo Estadual, deve ser encaminhado à apreciação da Assembleia Legislativa no limite de vinte e quatro horas (art. 36, § 1°, CF/1986). Comumente, o expediente utilizado para comunicar a intervenção se dá por meio do envio de

Mensagem aos membros da Casa de Leis, aos quais competem apreciar o texto do decreto.

O ato da Assembleia Legislativa de aprovar a intervenção estadual ostenta natureza homologatória, uma vez que a sanção confirma oficialmente a decretação da medida, validando-a. A decretação de intervenção estadual pelo Governador requer a aprovação da medida pelo Poder Legislativo nos seguintes casos: I – deixar de ser paga, sem motivo de força maior, por dois anos consecutivos, a dívida fundada; II – não forem prestadas contas devidas, na forma da lei; III – não tiver sido aplicado o mínimo exigido da receita municipal na manutenção e no desenvolvimento do ensino e nas ações e serviços públicos de saúde; (art. 35, I, II e III, c/c art. 36, § 3°, CF/1988).

Na apreciação do texto do decreto editado pelo Governador, os membros da Assembleia Legislativa podem aprovar total ou parcialmente as providências instituídas na intervenção. A *aprovação total* significa a aceitação pelo Poder Legislativo de todos os termos presentes no decreto de intervenção, ou seja, é a concordância integral com as disposições inscritas no texto do decreto. Por sua vez, a *aprovação parcial* traduz-se na aquiescência de apenas parte das medidas constantes no decreto, isto é, o Poder Legislativo consente tão só com parcela das determinações contidas no decreto de intervenção. A aprovação parcial pode suceder em razão de divergência com relação às medidas previstas, no tocante ao prazo fixado, a respeito da abrangência, ou com relação à nomeação do interventor que fora escolhido, etc.

A aprovação total ou parcial do decreto editado pelo Governador ocorre durante a tramitação da matéria no âmbito do Poder Legislativo estadual, ou seja, na deliberação realizada na comissão e no plenário da Assembleia Legislativa. Não obstante, a simples aquiescência genérica por parte da Casa de Leis implica a aprovação total da intervenção, visto que a objeção ou limitação deve ser expressa, a fim de conferir certeza quanto à extensão das medidas que podem ser impostas.

À vista disso, a "aprovação" correlaciona-se à "definição" acerca do decreto interventivo, ou seja, cabe ao Poder Legislativo resolver acerca da permanência da intervenção que fora decretada pelo Governador do Estado, bem como decidir no que tange à abrangência das medidas.

Assim, a aprovação – seja total ou parcial – constitui requisito essencial para a validade da intervenção nas hipóteses que exigem a apreciação parlamentar, porquanto de trata de condições imperativas estabelecidas pela Constituição da República (art. 35, incisos I, II e III, c/c art. 36, § 3°, da CF/1988). Logicamente, a aprovação parcial da intervenção permite a execução apenas de parcela do decreto interventivo, que se limitará aos termos em que fora aprovado pela Assembleia Legislativa. Vale dizer, a aprovação parcial autoriza somente a execução do trecho do texto do decreto interventivo que obteve concordância parlamentar, sendo a parcela aprovada o conteúdo e o limite da própria intervenção estadual.

Finalmente, no que alude ao procedimento, o processo e julgamento da *representação interventiva estadual* é disciplinado – no que for aplicável – pela Lei nº 12.562, de 2011, que dispõe sobre a representação interventiva federal perante o STF. Isso porque o processo e julgamento da representação para assegurar a observância dos princípios indicados na Constituição estadual ou para prover à execução de lei, ordem ou decisão judiciária era regulado pela Lei nº 4.337, de 1964, (art. 15, § 3º, alínea "d", da EC nº 1 de 1969 c/c art. 1º, Lei nº 5.778 de 1972). Por sua vez, a Lei nº 4.337 de 1964, que inicialmente regulava a declaração de inconstitucionalidade do artigo 7º, VII, da CF/1946 (para assegurar a observância dos princípios constitucionais sensível) foi revogada pela Lei nº 12.562, de 23 de dezembro de 2011 – sendo esta a norma jurídica em vigor que rege a matéria. Assim, atualmente, a representação interventiva perante o Supremo Tribunal Federal para assegurar a observância dos princípios constitucionais sensíveis é regulada pela Lei nº 12.562/2011, sendo aplicadas suas disposições à representação interventiva de competência dos Estados-Membros, de acordo com as peculiaridades dos órgãos estaduais e na ausência de norma regional específica.

Logicamente, o Estado-Membro pode dispor sobre a representativa interventiva mediante lei própria, visto que compete aos Estados organizarem a sua Justiça, definindo a competência do seu Tribunal de Justiça, conforme expressamente autorizado pela Constituição Federal (art. 125, § 1º, CF/1988).

Posto isso, feitas as devidas adaptações e ante a inexistência de norma regional específica, o processo e julgamento da representação interventiva estadual é regulado pela norma que trata da representação interventiva federal, ou seja, pela Lei nº 12.562 de 2011.

10.5. A figura do interventor

Conceitualmente, *interventor* é a pessoa responsável por executar a providência interventiva na unidade federada. Também era chamado "comissário", ou seja, o sujeito que recebia poderes para assumir funções em outra esfera de governo, a mando da autoridade ordenadora.

No contexto histórico brasileiro, o vocábulo "interventor" foi utilizado pela primeira vez pelo Presidente da República no ano de 1906, ao encaminhar mensagem ao Congresso Nacional em razão de conflitos nos Estados-Membros. "Em vossa ausência, para salvar o Estado de Mato Grosso da anarquia em que se acha, e o regime republicano de um exemplo pernicioso e fatal, eu não hesitaria em decretar o estado de sítio e nomear um *interventor*, medidas constitucionais de caráter extraordinária que caberiam então nas minhas atribuições e necessárias para restituir a paz àquela circunscrição da República e assegurar a liberdade na eleição de seu governo. Reunido o Congresso, compete-lhe o encargo de examinar a situação do Estado e eu confio de suas luzes e patriotismo que, informado da gravidade dos acontecimentos, providenciará como lhe parecer justo, oportuno e conveniente aos interesses de nossa Pátria".[77]

Dada a alta relevância da atividade, prevê-se a designação do interventor na implementação de intervenção estadual que a necessite, sendo instrumento adequado a edição de decreto. Consoante lição de Cretella Júnior, o decreto de intervenção é um ato administrativo que pode trazer em seu bojo a nomeação de interventor para implementar a medida. "No cerne do decreto de intervenção está contido o nome do interventor, delegado da União, a quem o Presidente da República atribui a função específica de providenciar a volta à normalidade, no Estado-Membro, objeto de intervenção. A indicação de interventor é a regra, a dispensa de indicação, exceção. Assim, no tempo do Império, embora não houvesse a figura do interventor, no Estado Unitário de então, havia de certa forma a intervenção, 'de fato', quando foram nomeados Presidentes para normalizar distúrbios ocorridos nas Províncias do Maranhão (1838), de Pernambuco (1848) e do Rio Grande do Sul (1884). O objetivo da nomeação de Presidentes, no regime unitário, equivalia ao atual objetivo da nomeação de interventores – a pacificação de Províncias, restauração da ordem, material (sedições, revoluções, desordens, perturbações) e legal".

A primeira Constituição Republicana, de 1891, não previu a figura do interventor, tendo estabelecido somente as causas ensejadoras da intervenção. "A omissão da Constituição de 1891 deixou indecisos os intérpretes – e até um mesmo intérprete –, sendo criticável a colocação contraditória de Rui Barbosa que, em 1906, se insurgiu, protestando contra a nomeação de interventor, em Mato Grosso, e, seis anos depois, em 1913, defendeu a nomeação de interventor, no Amazonas, o que propiciou veementes críticas da corrente adversária, que lhe verberou a

[77] INTERVENÇÃO NOS ESTADOS. *Documentos Parlamentares*. 6º Volume. Rio de Janeiro: Jornal do Comércio, 1916, p. 277.

incoerência da posição".[78] Ante a ausência de normatização do procedimento da intervenção, Carlos Maximiliano propugnava que o próprio Presidente da República poderia ser o interventor, bem como poderia nomear um agente responsável: "Ora, a intervenção faz-se diretamente ou por delegação. Sim, pode o Presidente da República intervir ou por si ou por meio de agente, conforme o permitam a situação e as condições das coisas. Logo, este agente ou este interventor por delegação não é figura contrária ao nosso Direito Constitucional. É um corolário lógico e jurídico da obrigação do Governo Federal intervir nos Estados; nasce de índole de nossa língua e de afirmações categóricas e positivas do nosso código fundamental".[79]

Ademais, houve tentativa de disciplinar na vigência da Constituição de 1891 a figura do interventor: "quando no Brasil se cogitou de regulamentar o artigo 6°, surgiram um projeto e dois substitutivos que, expressamente, instituíram a figura jurídica do interventor, a qual apareceu na prática em 1914, armada aliás de atribuições inconstitucionais, no caso do Ceará, como ficou demonstrado: em vez de firmar a autoridade do governo requisitante, como se deu no Tessino, procedeu à eleição de nova assembleia e de novo chefe do Executivo. O interventor é uma entidade criada pela jurisprudência. Nele não se toca, nem a ele se alude no texto constitucional. Criou-se a jurisprudência, o uso, a boa razão, estribando-se na consideração de que quem quer os fins, quer os meios, e de que, em se conferindo um poder, implicitamente se tem outorgado, a quem o recebe, os poderes de execução necessários ao uso eficaz daquele".[80]

Fávila Ribeiro esclarece que "surge a figura do interventor, pela primeira vez no Brasil, na intervenção decretada pelo Governo Federal no Estado do Ceará, em 14 de março de 1914, com a nomeação do Cel. Setembrino de Carvalho, em consequência da deposição do Cel. Franco Rabelo pelos 'jagunços', comandados por Floro Bartolomeu, com o ostensivo apoio do Governo Federal. Mas a expressa menção da figura do interventor só foi feita mesmo, como dissemos, com a Constituição de 1934, inspirada na prática Argentina".[81] A esse respeito, González Calderón preleciona: "Sendo, pois, a intervenção um ato do poder federal, o funcionário que o executa é seu representante direto, e cujo mandato não emana, de maneira alguma, da Província donde se realiza. Suas atribuições não lhe são conferidas por esta, senão pelo poder que lhe há

[78] CRETELLA JÚNIOR, José. *Comentários à Constituição Brasileira de 1988*. Vol. IV. Arts. 23 a 37. 2ª ed. Rio de Janeiro: Forense Universitária, 1992, p. 2107.

[79] MAXIMILIANO, Carlos. *Comentários à Constituição Brasileira*. 2ª ed. Rio de Janeiro: Jacintho Ribeiro dos Santos, 1923, p. 173.

[80] Ibid., p. 174.

[81] RIBEIRO, Fávila. *A Intervenção Federal nos Estados*. Fortaleza: Editora Jurídica, 1960, p. 97.

confiado uma missão definida pela Constituição Nacional e circunscrita ao objeto que a motiva".[82]

Atualmente, conforme o § 1º do art. 36 da Constituição Federal de 1988, não há a obrigatoriedade de o decreto interventivo nomear alguém na condição de interventor. Isso porque o texto constitucional é expresso ao afirmar que o decreto de intervenção "*se couber*, nomeará o interventor". Assim, ao se adotar a intervenção, deve-se perscrutar acerca da necessidade ou não de indicar uma pessoa para implantar a medida a ser adotada para restaurar a ordem jurídica. Isto é, somente se for necessário para a efetivação da medida é que será nomeada uma pessoa para exercer a função de interventor, sendo possível efetivar a intervenção independentemente de alguém ostentar tal cargo. Como exemplo da dispensa de nomeação de interventor, cite-se o caso de provimento de decisão judicial (art. 35, IV), que pode ser materializada no âmbito jurídico e documentalmente, sem a necessidade de intermediação de uma pessoa específica na condução dos trabalhos – caso seja suficiente para restaurar o direito violado.

Quando houver a nomeação da figura do interventor, este atuará em nome da União Federal ou do Estado-Membro, a depender se a intervenção incidir sobre o ente regional ou municipal.

Ademais, a nomeação da aludida autoridade pode recair sobre agente federal, estadual, municipal ou outro que não seja vinculado ao serviço público, caso este seja escolhido pelo Presidente da República ou pelo Governador do Estado na edição do decreto interventivo (art. 36, § 1º, c/c art. 84, X, CF/88 e arts. 47, VIII, e 149, § 1º, da Constituição do Estado de São Paulo, exemplificadamente). Ou seja, um agente público estadual ou municipal pode ser o nomeado pelo Presidente da República ou pelo Governador do Estado e agir em nome da referida autoridade nomeante mesmo na intervenção em seu próprio estado ou município. Neste caso, em que pese o agente ser originariamente servidor local, no momento em que é nomeado pela autoridade interventora, a partir daí o respectivo servidor atua em nome e por delegação do próprio Chefe do Poder Executivo federal ou estadual, sendo uma extensão da aludida autoridade maior. A esse respeito, Hans Kelsen pontifica: "no âmbito da execução federal indireta, os funcionários que em outros casos agem como órgãos do estado-membro são sem dúvida órgãos federais, mais precisamente autoridades federais com competência limitada a uma parte do território da federação. Enquanto tais,

[82] GONZÁLEZ CALDERÓN, Juan A. *Derecho Constitucional Argentino. História, Teoría y Jurisprudencia de la Constitución.* Tomo III. Buenos Aires: J. Lajouane & Cia Editores, 1923, p. 571.

estão subordinados às autoridades federais centrais, e – nesse âmbito – sujeitos às suas ordens".[83]

Assente-se ainda que, no momento da escolha do interventor, "é preferível confiar o encargo a um civil, afim de não dar a providência constitucional as aparências de um ato de força, e sim o de importante medida político-jurídica, excepcionalmente adotada afim de restabelecer em um Estado o império integral do Direito".[84] No mesmo sentido propugna Aurelino Leal: "discute-se se o interventor deve ser civil ou militar. É claro que no maior número de vezes haverá vantagem em que a nomeação recaia em um jurista, porque é grande a cópia de assuntos jurídicos que se deparam a um interventor para terem solução. O comandante militar deve ficar, então, inteiramente às suas ordens".[85] Por conseguinte, Lewandowski adverte que, caso a autoridade escolhida seja membro das Forças Armadas, "a intervenção não deixará de apresentar uma natureza eminentemente civil. Por isso, mesmo quando a nomeação recai sobre militar da ativa, cumpre a ele atuar, no desempenho do múnus que lhe é cometido, dentro dos lindes da legalidade, respeitando as normas constitucionais e ordinárias aplicáveis, inclusive as locais, sem prejuízo de observar, caso continue a acumular concomitantemente funções castrenses, a legislação e regulamentos próprios, os quais abrangem as operações de garantia da lei e da ordem".[86]

Posto isso, haverá nomeação de interventor somente quando houver necessidade para a efetivação da medida, devendo o interventor possuir as qualidades inerentes para o encargo constitucional, aptidões essas a serem avaliadas pela autoridade nomeante, isto é, pelo Governador do Estado-Membro (art. 36, § 1°, c/c art. 84, X, CF/1988).

10.5.1. Atribuições do interventor

Considerando que interventor é a pessoa responsável por executar as medidas interventivas, necessária a atribuição de competência à referida autoridade. Nos termos do art. 36, § 1°, da CF/1988, o decreto de intervenção é o instrumento que especificará a amplitude, o prazo e as condições de execução. As atribuições conferidas ao interventor dependerão do fato ou ato ensejador, bem como a adequação da medida para restaurar a ordem jurídica violada. Logicamente, o decreto

[83] KELSEN, Hans. *Jurisdição Constitucional*. 3ª ed. São Paulo: WMF Martins Fontes, 2013, p. 63.

[84] MAXIMILIANO, Carlos. *Comentários à Constituição Brasileira*. 2ª ed. Rio de Janeiro: Jacintho Ribeiro dos Santos, 1923, p. 174.

[85] LEAL, Aurelino. *Theoria e Prática da Constituição Federal Brasileira*. Parte Primeira. Rio de Janeiro: F. Briguiet e Cia. Editores, 1925.

[86] LEWANDOWSKI, Enrique Ricardo. *Pressupostos materiais e formais da Intervenção Federal no Brasil*. 2ª ed. Belo Horizonte: Fórum, 2018, p. 160-161.

interventivo deve observar as balizas constitucionais, mormente os princípios fundamentais, a organização do Estado e a organização dos Poderes da República, sob pena de o aludido instrumento padecer de vício de inconstitucionalidade, submetendo-se a ações judiciais.

As atribuições conferidas aos interventores são limitadas e condicionadas aos pressupostos constitucionais. Em razão disso, são válidos os atos realizados pelas autoridades municipais durante a intervenção, desde que não sejam objeto da medida interventiva. Ou seja, a intervenção não atingirá outros Poderes ou outras atividades administrativas alheias ao conteúdo do decreto, que permanecerão em regular funcionamento. Além disso, o sistema jurídico municipal permanece em vigor, visto que a intervenção, por si só, não suspende nem revoga normas legais. Medidas dessa natureza somente podem perfectibilizar-se por meio do devido processo legislativo, criador de nova lei, ou mediante controle de constitucionalidade. Nesse sentido, Rafael Bielsa assinala: "O direito objetivo local nada pode variar por virtude da intervenção. Sob a intervenção, todas as normas provinciais positivas mantêm seu império, começando pela constituição local. A intervenção em uma província ou em uma municipalidade não extingue a personalidade destas".[87]

Tendo em vista a excepcionalidade da intervenção estadual, as medidas são interpretadas e aplicadas de forma restrita, ou seja, somente os atos específicos no decreto interventivo serão objeto de execução. Disso resulta que permanecerão indenes o sistema jurídico municipal, bem como as instituições e autoridades locais não submetidas à intervenção.

Registre-se ainda que, conforme Rafael Bielsa, "o interventor não sucede necessariamente a autoridade local, nem sequer a substitui totalmente. O interventor exerce uma autoridade limitada ao objeto da intervenção, autoridade que pode ser compatível, e ainda coexistente, com a de algum poder local. Em geral as atribuições dos interventores se determinam com relação ao fim mesmo da intervenção. Essas atribuições são de duas ordens: 1) as essenciais, que se fundam no objeto da intervenção; 2) as que são de natureza da intervenção, e portanto potenciais, é dizer, as atribuições que os interventores exercem em virtude das funções inerentes a seu mandato, que são de mera autoridade executiva. Dentro do sistema federal, a intervenção do governo nacional deve reger-se pelos princípios essenciais ou próprios deste sistema, e entre eles, principalmente, o da autonomia provincial (que compreende um regime municipal). Um interventor não é legislador local, logo,

---

[87] BIELSA, Rafael. *Derecho Constitucional*. 3ª ed. Buenos Aires: Depalma, 1959, p. 830-831.

não pode criar impostos e outorgar ou aprovar concessões de serviços públicos com privilégio".[88]

Acerca dos poderes específicos atribuídos ao interventor, Pontes de Miranda esclarece: "o interventor pratica atos para os quais foi nomeado, não em nome do poder estadual, ou municipal, a que se substitui, porém em nome e por autoridade do poder federal. É órgão federal, e, nomeado para fazer as vezes do Governador, ou do Prefeito, despacha o expediente da Administração, nomeia e promove para os cargos que se vagarem; arrecada os dinheiros públicos, impõe e releva multas, liquida as dívidas que foram legalmente processadas e reconhecidas, paga empréstimos externos e internos, ou autoriza discussão sobre o modo, lugar e tempo do pagamento deles; adota medidas de saúde pública, que as circunstâncias exigirem ou indicarem; regulamento leis que estiverem já elaboradas e promulgadas; utiliza-se das forças públicas locais e da União e solicita do Governo Federal todas as providências que se fizerem mister para levar a bom termo a sua incumbência; pratica todos os atos tendentes ao resguardo da população e à ordem e tranquilidade do Estado-Membro ou do Município. Todos esses atos ele os inicia e consuma como órgão do governo federal, em cujo nome e com cuja autoridade exerce a missão essencialmente federal de reconstruir ou de recompor a ordem jurídica, ou material, que se interrompera ou ferira".[89]

Disso resulta que as atribuições a serem exercidas pelo interventor aludem aos atos imprescindíveis para restauração dos preceitos constitucionais violados, constante dos artigos 35 a 36 da Carta Magna de 1988. Ou seja, os poderes do interventor, expressos no decreto interventivo, igualmente abrangem os poderes implícitos para: 1 – pagar a dívida fundada, que tenha deixada de ser adimplida por dois anos consecutivos, salvo força maior; 2 – prestar as contas da municipalidade, na forma da lei; 3 – aplicar o mínimo exigido da receita municipal na manutenção e desenvolvimento do ensino e nas ações e serviços públicos de saúde; 4 – assegurar a observância de princípios indicados na Constituição Estadual, ou prover a execução de lei, de ordem ou de decisão judicial (art. 35, I, II, III e IV, CF/1988).

Portanto, os poderes do interventor devem ser suficientes para reparar o desatendimento à Constituição, a fim de mantê-la íntegra, sendo a medida variante a depender do objetivo perseguido, aos meios de atingi-la, assim como a intensidade da lesão aos bens jurídicos.

---

[88] BIELSA, Rafael. *Derecho Constitucional*. 3ª ed. Buenos Aires: Depalma, 1959, p. 830-832.

[89] MIRANDA, Pontes de. *Comentários à Constituição de 1967*. Com a Emenda n. I, de 1969. Tomo II. 2ª ed. São Paulo: Revista dos Tribunais, 1973, p. 262.

10.5.2. Impossibilidade de o interventor exercer atos exclusivos do Poder Executivo ou do Legislativo

A doutrina não é unânime acerca dos poderes do interventor quando a intervenção atingir o Poder Executivo ou o Poder Legislativo. Isso porque a Constituição não estabelece os respectivos poderes, tendo delegado ao decreto interventivo a incumbência de especificar a amplitude, o prazo e as condições (art. 34, § 1°, CF/1988). Além disso, o dispositivo constitucional não elenca expressamente limitações impostas ao interventor, de modo que a matéria é debatida entre a doutrina que estuda a intervenção.

Dito isso, podem ser elencadas duas doutrinas: a primeira corrente entende que o interventor pode realizar atos típicos de outro Poder se for meio necessário para executar a medida interventiva. A esse fenômeno pode denominar-se como "poderes ampliativos do interventor". De outra banda, para a segunda doutrina, são restritos os poderes do interventor, não podendo exercer atos exclusivos do Poder Executivo ou do Poder Legislativo, a que se denomina "poderes restritivos do interventor"– entendimento aqui proposto.

Com relação ao Poder Judiciário, a doutrina e a jurisprudência são unânimes acerca da atuação limitada do interventor à atividade administrativa, sendo inatacável o poder jurisdicional (STF, IF n° 578, Rel. Min. Celso de Mello, J. 22.3.1999, DJU 7.4.1999).[90] Desse modo, serão perscrutados a seguir somente os poderes do interventor com relação ao Poderes Executivo e Legislativo.

10.5.2.1. Primeira corrente: poderes ampliativos do interventor

Para essa corrente, são concedidos amplos poderes ao interventor, até mesmo no que concerne à atividade legislativa quando a intervenção incidir sobre o Poder Executivo ou o Poder Legislativo. A exemplo de Fávila Ribeiro, que entende que o interventor detém o poder de sancionar e vetar leis: "Afora as atividades de reconstrução ou de execução, deve o Interventor exercer também as funções peculiares ao cargo em que se acha investido como representante do Governo Federal, no período da intervenção, cabendo-lhe usar da faculdade de sanção e de veto, de autorizar pagamentos e de outras medidas regulares".[91]

O defensor mais expoente é Pontes de Miranda, que entende pela amplitude de poderes do interventor, inclusive tendo o direito de vetar

[90] PEÑA DE MORAES, Guilherme. *Curso de Direito Constitucional*. 8ª ed. São Paulo: Atlas, 2016, p. 372-373

[91] RIBEIRO, Fávila. *A Intervenção Federal nos Estados*. Fortaleza: Editora Jurídica, 1960, p. 97.

e sancionar projetos quando a intervenção atingir o Poder Executivo, bem como assevera que o interventor tem o poder de legislar quando a intervenção abranger o Poder Legislativo. "O interventor possui o direito de veto. Certo, o interventor é agente do Governo Federal, é órgão do poder que o comissionou; porém, no exercício do poder recebido, pratica atos específicos do Poder Executivo, como o de provimento de cargos, o de edição de regras regulamentares, inclusive no tocante às nomeações para o próprio Poder Judiciário. Não há fugir ao dilema: ou a Assembleia Legislativa adquiriria, com a intervenção, poder que não tinha, qual o de legislar sem qualquer apreciação por meio de sanção; ou, durante a intervenção, não haveria margem para leis novas, porque faltaria o Poder Executivo normal. Não há dúvida que a doutrina verdadeira é a que vê no Interventor figura de direito federal, mas, por sua própria função interventiva, investido de poderes específicos do Governador do Estado-Membro, conforme as circunstâncias da substituição, sendo de notar-se que não é menos importante nomear Desembargadores, Juízes de Direito e membros do Ministério Público, inclusive o Procurador-Geral do Estado-Membro do que *vetar lei*, ou *sancioná-la* e publicá-la. [Grifos nossos]. Deve-se mesmo levar em conta que aqueles atos são definitivos, ao passo que a sanção só reafirma o acerto do ato legislativo e o veto ainda pode ser rejeitado pelo Poder Legislativo".

Quando a intervenção afetar o Poder Legislativo, Pontes de Miranda preleciona: "a intervenção federal raramente atinge o Poder Legislativo, razão porque, de ordinário, dissemos, o Interventor não tem poderes de legislar. Mas tê-lo-á quando isso for julgado necessário, desde que se observem as regras constitucionais de competência sobre intervenção federal. Quando o poder competente, ou os poderes competentes se devem abster disso, não está nas regras de direito constitucional: pertence somente à política constitucional, que não é disciplina jurídica".[92]

Hely Lopes Meirelles, na obra *Direito Municipal Brasileiro*, também propugna a interpretação de poderes ampliativos ao interventor, pois é delegado do Estado-Membro, com a missão precípua de restabelecer a normalidade da Administração municipal. E, "no exercício da intervenção desempenha todas as atribuições executivas que competiam ao prefeito afastado, podendo, inclusive, sancionar, promulgar ou vetar leis e expedir decretos".[93]

---

[92] MIRANDA, Pontes de. *Comentários à Constituição de 1967*. Com a Emenda n. I, de 1969. Tomo II. 2ª ed. São Paulo: Revista dos Tribunais, 1973, p. 264-266.

[93] MEIRELLES, Hely Lopes. *Direito Municipal Brasileiro*. 7º ed. São Paulo: Malheiros, 1994, p. 105.

Recentemente, destaca-se Ricardo Lewandowski, que assinala: "entende-se atualmente que as atribuições do interventor variam de conformidade com a amplitude, o prazo e as condições da intervenção, sendo explicitadas no ato que a desencadeia e complementadas por instruções recebidas da autoridade responsável pela decretação da medida, nada obstando que o seu executor exerça funções executivas ou legislativas em toda a plenitude, na hipótese de fazer as vezes dos titulares delas. Compete, desse modo, ao interventor, nomeado para substituir o Governador ou o Prefeito, vetar e sancionar leis, editar decretos regulamentares e praticar todos os atos administrativos necessários à restauração da ordem jurídica ou material vulnerada. Incumbe-lhe, ainda, editar atos normativos, com força de lei, respeitados os princípios constitucionais de competência, se a intervenção recair sobre o Legislativo".[94]

Em que pese o entendimento dos eminentes constitucionalistas, a história constitucional brasileira contém exemplo cristalino da concessão nefasta de poderes ampliativos ao interventor, que ocorreu na vigência da Constituição Outorgada de 1937, durante a ditadura da Era Vargas. Por meio de Decreto-Lei nº 1.202, de 8 de abril de 1939, foram estabelecidos os poderes do interventor na administração dos Estados-Membros durante o afastamento dos membros titulares. De maneira expressa, o art. 5º atribuiu ao interventor o exercício simultâneo das funções executivas e legislativas de competência do Estado e dos Municípios:[95]

DECRETO-LEI Nº 1.202, DE 8 DE ABRIL DE 1939

Dispõe sobre a administração dos Estados e dos Municípios.

O PRESIDENTE DA REPÚBLICA, usando da atribuição que lhe confere o art. 180 da Constituição,

DECRETA:

Art. 1º *Os Estados*, até a outorga das respectivas Constituições, *serão administrados de acordo com o disposto nesta lei.*

Art. 2º *São órgãos da administração do Estado*:

a) *o Interventor, ou Governador;*

b) *o Departamento Administrativo.*

Art. 3º O Interventor, brasileiro nato, maior de 25 de anos, será nomeado pelo Presidente da República, em decreto referendado pelo Ministro da Justiça e Negócios Interiores.

---

[94] LEWANDOWSKI, Enrique Ricardo. *Pressupostos materiais e formais da Intervenção Federal no Brasil*. 2ª ed. Belo Horizonte: Fórum, 2018, p. 159-160.

[95] BRASIL. *Decreto-Lei nº 1.202, de 8 de abril de 1939*. Dispõe sobre a administração dos Estados e dos Municípios. Disponível em: <http://www.planalto.gov.br/ccivil_03/decreto-lei/1937-1946/Del1202.htm>. Acesso em 10-12-2020.

Parágrafo único. Os Interventores nomeados para os Estados na forma do parágrafo único do art. 176 da Constituição exercerão suas funções enquanto durar a intervenção, ou até que o Presidente da República lhes dê substituto.

Art. 4º *O Prefeito do Município*, brasileiro nato, maior de 21 anos o menor de 68, *será de livre nomeação e demissão.*

Art. 5º *Ao Interventor*, ou Governador, e ao Prefeito, *cabe exercer as funções executivas e*, em colaboração com o Departamento Administrativo, *legislar nas matérias da competência do Estado e dos Municípios*, enquanto não se constituírem os respectivos órgãos legislativos.

Art. 6º *Compete ao Interventor*, ou Governador, especialmente:

I – *Organizar a administração do Estado e dos Municípios* de acôrdo com o disposto para os serviços da União, no que for aplicavel;

II – *organizar o projeto do orçamento do Estado, e sancioná-lo*;

III – fixar, em decreto-lei, o efetivo da força policial, mediante aprovação prévia do Presidente da República.

IV – *elaborar os decretos-leis e sancioná-los* depois de aprovados pelo Departamento Administrativo;

V – expedir decretos-leis, independentemente de aprovação prévia do Departamento Administrativo, em caso de calamidade eu necessidade de ordem pública, sujeitando *a posteriori* o seu ato aprovação do Presidente da República.

Art. 7º São ainda atribuições do Interventor, ou Governador:

I – expedir decretos, regulamentos, instruções e demais atos necessários ao cumprimento das leis e à administração do Estado;

II – nomear o Secretário Geral ou as secretários do seu governo, e os Prefeitos dos Municipios;

III – nomear, aposentar, pôr em disponibilidade, demitir e licenciar os funcionários do Estado, e impor-lhes penas disciplinares, respeitado o disposto na Constituição e nas leis;

IV – *praticar todos os atos necessários à administração e representação do Estado* e à guarda da Constituição e das leis.

[...]

Art. 13. O Departamento Administrativo será constituido de 4 a 10 membros, brasileiros natos, maiores de 25 anos, nomeados pelo Presidente da República. Dentre êles o Presidente da República designará, no ato de nomeação, o presidente do Departamento e o seu substituto nas faltas e nos impedimentos.

[...]

Art. 17. *Compete ao Departamento Administrativo*:

a) *aprovar os projetos dos decretos-leis que devam ser baixados pelo Interventor*, ou Governador, ou pelo Prefeito;

b) *aprovar os projetos de orçamento do Estado e dos Municípios*, encaminhados pelo Interventor, ou Governador, e pelos Prefeitos, propondo as alterações que nos mesmos devam ser feitas;

c) *fiscalizar a execução orçamentária no Estado e nos Municípios*, representando ao Ministério da Justiça e Negócios Interiores, ou ao Interventor, ou Governador, conforme o caso, sôbre as irregularidades observadas;

> d) receber e informar os recursos dos atos do Interventor, ou Governador, na forma dos arts. 19 a 22;
>
> e) proceder ao estudo dos serviços, departamentos, repartições e estabelecimentos do Estado e dos Municípios, com o fim de propor, do ponto de vista da economia e eficiência, as modificações que devam ser feitas nos mesmos, sua extinção, distribuição e agrupamento, dotações orçamentárias, condições e processos de trabalhos;
>
> f) dar parecer nos recursos dos atos dos Prefeitos, quando o requisitar o Interventor, ou Governador.
>
> Parágrafo único. Das decisões do Departamento o Interventor, ou Governador poderá recorrer para o Presidente da República.
>
> [...]
>
> **Art. 41.** *As medidas que o Presidente da República é autorizado a tomar* na forma do art. 168 da Constituição *poderão, mediante delegação sua, ser executadas pelo Interventor*, ou Governador, que delas dará conhecimento ao Presidente da República por intermédio do Ministro da Justiça, dentro do prazo de 48 horas, contado da data em que tenham sido tomadas.
>
> Parágrafo único. *Dos atos praticados pelo Interventor*, ou Governador, na conformidade deste artigo, *não poderão conhecer os juízes e tribunais*. (Grifos nossos)

Como se vê, trata-se de decreto que evidentemente concede poderes nitidamente ampliativos, sendo até mesmo abusivos e ilimitados. Isso porque mediante "Decreto-Lei" (ato editado exclusivamente pelo Presidente da República) foi aniquilada a autonomia dos Estados-Membros e dos Municípios, dispondo-se sobre as respectivas administrações, que agora eram constituídas somente pelo Interventor e por um "Departamento Administrativo" – de livre escolha do Presidente da República. Com base no art. 5º desse decreto, ao interventor cabia exercer cumulativamente as funções do Poder Executivo e do Poder Legislativo, ou seja, o próprio interventor legislava – com o auxílio de uma comissão indicada pelo Presidente da República – e também executava as respectivas normas. O art. 6º, II, atribuiu ao interventor elaborar o orçamento do Estado e ele próprio sancionar o projeto. Para ultimar a completa arbitrariedade, os atos praticados pelo interventor – sob a delegação do Presidente da República – eram insusceptíveis de controle judicial, nos termos do parágrafo único do art. 41.

Igualmente, foram concedidos amplos poderes ao interventor durante o regime imposto pela ditadura militar de 1964, como se verifica no art. 3º do Ato Institucional nº 5, de 13 de dezembro de 1968, que facultou ao Presidente da República decretar a intervenção nos Estados e Municípios sem as limitações dispostas na Constituição, sendo nomeados os interventores nos Estados e Municípios pelo Presidente da República para exercer todas as funções e atribuições que cabiam, respectivamente, aos Governadores ou Prefeitos.[96]

Assim, percebe-se que o interventor "ganhou superpoderes" (inclusive para legislar) durante a vigência de regime político-ditatorial, notadamente na ditadura da Era Vargas e no Golpe Militar de 1964, não sendo medida propugnada no Estado Democrático de Direito.

10.5.2.2. Segunda corrente: poderes restritivos do interventor

Para a segunda doutrina, os poderes concedidos ao interventor são restritivos, haja vista que a intervenção é medida excepcional, sendo os poderes limitados para permitir tão somente a restauração da ordem jurídica violada, devendo-se observar o estrito respeito à Constituição Federal, mormente no que tange às atribuições típicas de cada Poder. Consectariamente, o interventor não pode exercer "atos exclusivos" do Poder Executivo ou do Poder Legislativo. Entre os defensores estrangeiros desse pensamento, destacam-se os argentinos Gonzalez Calderón e Rafael Bielsa.

Gonzalez Calderón assinala que, dado o caráter excepcionalíssimo da intervenção federal, os poderes do interventor são "circunscritos e limitados" aos objetos especificados e determinados na Constituição. Disso resulta que a intervenção permite a utilização de providências para sanar necessidades do ente regional, ou seja, "as necessidades de ordem econômica, social e administrativa emergentes do desenvolvimento de recursos locais que se paralisariam em suas funções pelo fato de encontrar-se acéfalas algumas autoridades das províncias, em uso e exercício de suas próprias instituições. [...] A função ativa dos mencionados agentes federais não pode estender-se além dos limites que a eles atribui a Constituição e a lei".[97]

De acordo com Rafael Bielsa, o interventor federal não pode exercer as funções típicas do Poder Executivo e do Poder Legislativo. Em que pese os interventores atuarem nos Poderes regionais, "não por isso substituem legalmente a estes, pois não exercem todas as funções próprias desses poderes. Segue-se que, mesmo quando o poder legislativo não funcione devido à expiração da legislatura, nem por isso os interventores podem exercer funções legislativas. Admitir isto seria agravar a subversão. Dentro do sistema federal, a intervenção do governo nacional deve reger-se pelos princípios essenciais ou próprios deste sis-

---

[96] BRASIL. *Ato Institucional nº 5, de 13 de dezembro de 1968*. Disponível em: <http://www.planalto.gov.br/ccivil_03/ait/ait-05-68.htm>. Acesso em 05-01-2020.

[97] GONZÁLEZ CALDERÓN, Juan A. *Derecho Constitucional Argentino. História, Teoría y Jurisprudencia de la Constitución.* Tomo III. Buenos Aires: J. Lajouane & Cia Editores, 1923, p. 572.

tema, e entre eles, principalmente, o da autonomia provincial. Deste conceito básico deduz-se uma primeira regra, que é esta: a extensão dos poderes de um interventor deve interpretar-se restritivamente, no sentido de que ele não teme os poderes inerentes ao governo local. Um interventor não é legislador local; logo não pode criar impostos".[98]

No que concerne à doutrina brasileira, em janeiro 1915, foi publicado estudo específico no Jornal do Comércio pelo redator dos Documentos Parlamentares com o título *"O Interventor e a Tradição Parlamentar"*. No documento, consta que em 1894 o Sr. Erico Coelho ofereceu substitutivo ao projeto de intervenção do Sr. Martins Júnior, "neste, art. 6°., se diz: quando, em virtude da anulação de constituições, leis ou resolução dos Estados por infringentes do sistema constitucional federativo, faltarem nestes os órgãos de um governo regular, o Presidente da República proverá a *nomeação de um interventor ou ministro*, que assumirá a superintendência da administração do Estado, pelo tempo estritamente necessário a eleição e posse do representante ou representante do poder acéfalo. A nomeação do interventor devia recair em cidadão idôneo e alheio às perturbações ou interesses do Estado desorganizado. *As instruções* dadas pelo Presidente da República *seriam restritas* aos atos de governo indispensáveis para acudir aos encargos públicas urgentes do Estado".[99] [Grifei]. Conforme expresso no aludido estudo, cabe ao interventor exercer o gerenciamento da administração do Estado-Membro, sendo que os poderes conferidos ao interventor são restritos para promover as necessidades essenciais do ente regional. Desse modo, a proposta constante nos documentos parlamentares, realizada após a Constituição de 1891, também adotou a corrente restritiva dos poderes do interventor.

Entre os defensores brasileiros, a doutrina mais consagrada dos poderes restritivos do interventor é a do saudoso professor Aurelino Leal, que inclusive foi interventor federal no ano de 1923. Ao tratar das atribuições da autoridade nomeada pelo Presidente da República, expôs: "ora, é exatamente na substituição do governo normal do Estado que a competência do interventor se torna mais delicada. Pode ele praticar todo e qualquer ato que a Constituição do Estado atribua ao chefe do executivo estadual? Certamente não pode. De um ponto de vista geral, o delegado do governo federal dever praticar atos de conservação: expediente da administração; provimento de lugares que vagarem, em comissão; polícia e segurança pública; higiene pública, especialmente havendo epidemias e prevenir ou a combater; finanças públicas, no

[98] BIELSA, Rafael. *Derecho Constitucional*. 3ª ed. Buenos Aires: Depalma, 1959, p. 832.

[99] INTERVENÇÃO NOS ESTADOS. *Documentos Parlamentares*. 6° Volume. Rio de Janeiro: Jornal do Comércio, 1916, p. 274-275.

sentido de fiscalizar a arrecadação; liquidação de dívidas regularmente processadas e reconhecidas; pagamento de empréstimos externos e da dívida interna consolidada, etc. Por outro lado, há um limite que ele não deve transpor, senão autorizado pelo decreto de intervenção; é o do direito objetivo do Estado. A Constituição e as leis do Estado, regularmente votadas, devem ser aplicadas. Os direitos adquiridos, os atos jurídicos perfeitos, os direitos dos funcionários devem ser garantidos. Aqui, apenas, dada a função excepcional do interventor, ele tem competência para afastar funcionários que lhe não mereçam confiança ou embaracem o desempenho do cargo. Mas, finda a intervenção, tais funcionários, garantidos pelas leis ou regulamentos do Estado, devem ser assegurados no exercício dos seus cargos. A magistratura vitalícia é inatacável".[100]

Acerca das vedações impostas ao interventor, Aurelino Leal adverte: "outros atos, porém, não pode o interventor praticar. Assim, não lhe é lícito, estando porventura em função o Poder Legislativo do Estado, sancionar leis. Tal competência é imanente ao governo constituído pelo voto do próprio Estado. As leis, portanto, que forem aprovadas pela legislatura local devem aguardar que se esgote o prazo de sanção para que as promulgue a autoridade competente, e o interventor deve obediência a tais leis [...]. Também não pode o interventor contrair empréstimos externos ou internos que ultrapassem o período da intervenção, a menos que a União o autorize. O interventor não pode exercer a faculdade do perdão ou indulto, que é função especial dos governos normais. Com o praticar, porém, atos de conservação e com o furtar-se a exercer outros que virtual ou explicitamente não se enquadrem na sua comissão, o interventor não deve ser indiferente ao progresso do Estado. Dentro do orçamento em vigor, utilizando suas verbas e suas autorizações de crédito, ele deve executar obras e realizar utilidades gerais que num governo normal o presidente [atualmente governador] também executaria". Ademais, a obra *Theoria e Prática da Constituição Federal Brasileira*, datada de 1925, contém jurisprudência sobre intervenção federal que se aplica atualmente: "a intervenção federal em negócios peculiares a um Estado não autoriza a dissolução de Câmaras Municipais eleitas regularmente e que regularmente funcionam. (Accs. de 8 de Agosto de 1914 e 4 de Novembro do mesmo ano). Os atos do interventor federal não podem atingir, em hipótese alguma, os representantes vitalícios e inamovíveis do Poder Judiciário do Estado *ex-vi* dos arts. 57 e 63 da Constituição da República (Acc. de 9 de Maio de 1917). Decretada a intervenção federal em um Estado para restabelecer a ordem constitucional, uma vez estabelecida esta não pode o

[100] LEAL, Aurelino. *Theoria e Prática da Constituição Federal Brasileira*. Parte Primeira. Rio de Janeiro: F. Briguiet e Cia. Editores, 1925, p. 94-95.

interventor ter qualquer interferência na vida municipal cuja situação é normal (*Rev. do Sup. Trib.*, vol. LVI, p. 30-2)".[101]

Na história constitucional brasileira também consta a concessão de poderes restritos à figura do interventor, a exemplo da intervenção no Poder Legislativo de ente regional, que ocorreu no ano de 1923, quando o Estado do Rio de Janeiro detinha dois governos simultaneamente, cada qual julgando-se competente para exercer as funções da unidade da Federação. Em razão disso, foi decretada intervenção federal por meio do Decreto nº 15.922, de 10 de janeiro de 1923, nomeando-se como interventor o Dr. Aurelino Leal.[102] Ato contínuo, o Decreto nº 15.923, de 10 de janeiro de 1923, expediu instruções para a execução da providência interventiva. A despeito de o art. 4º do aludido decreto ter declarado que o interventor substituiria em tudo o Governo normal do Estado, os exemplos a seguir descritos dão conta de que na verdade se tratava de poderes de gestão, ou seja, assuntos administrativos para organizar o serviço público, consoante os textos legais:[103]

DECRETO Nº 15.922, DE 10 DE JANEIRO DE 1923

Decreta a intervenção do Governo Federal no Estado do Rio de Janeiro

O Presidente da Republica dos Estados Unidos do Brasil:

Considerando que o Estado do Rio de Janeiro conta actualmente dous governos, cada qual se julgando legitimamente investido das funcções que dizem respeito á administração do Estado;

Considerando que, devidamente informado dessa situação, o Poder Executivo da União dirigiu, em data de 23 de dezembro do 1922, ao Congresso Nacional uma mensagem para que resolvesse a respeito;

Considerando que, a despeito de ter sido o caso affecto ao Congresso Nacional, um dos suppostos presidentes do Estado do Rio pediu e obteve do Supremo Tribunal, por seis votos contra cinco, uma ordem de habeas-corpus para «livre de qualquer constrangimento tomar posse e exercer as funcções inherentes» ao cargo de presidente;

Considerando que o Poder Executivo federal, em obediencia á decisão judicial, satisfez a, requisição da força federal precisa para empossar o impetrante, garantindo-lhe o exercicio do cargo, tendo sido o habeas-corpus cumprido, conforme communicação official do juiz federal da secção do Rio de Janeiro;

---

[101] LEAL, Aurelino. *Theoria e Prática da Constituição Federal Brasileira*. Parte Primeira. Rio de Janeiro: F. Briguiet e Cia. Editores, 1925, p. 95-97.

[102] BRASIL. Câmara dos Deputados. Legislação Informatizada – *Decreto nº 15.922, de 10 de Janeiro de 1923 – Publicação Original*. Disponível em: <https://www2.camara.leg.br/legin/fed/decret/1920-1929/decreto-15922-10-janeiro-1923-510462-publicacaooriginal-1-pe.html>. Acesso em 9-12-2020.

[103] Id.

Considerando, por outro lado, que o outro prcsidente tambem se empossou do respectivo cargo perante a assembléa que o reconhecera;

Considerando que dessa situação, fazendo ambos os cidadãos nomeações de autoridades policiaes e outras, tem resultado um estado permanente de desordem naquella unidade da Federação, havendo deposições de autoridades municipaes e exaltações partidarias que augmentam a todo instante, e que, além de porem em perigo a sociedade, estão repercutindo na esphera da União, numerosos de cujos collectores, agentes do Correio e outras autoridades reclamam instantemente providencias do Governo Federal para serem garantidos no exercicio de suas funcções;

Considerando que esse estado de desordem culminou na attitude de insubmissão da Força Policial do Estado, que se recusa obedecer a qualquer dos presidentes, que não a podem utilizar para restabelecimento e manutenção da ordem publica:

Considerando que o Poder Executivo Federal, quando dirigiu as mensagens de 23 e 30 de dezembro de 1922 ao Congresso Nacional, estava deante de uma deturpação da fórma republicana federativa (art. 6º n. 2 da Constituição) e nesses casos tem-se entendido que a intervenção federal se opera nos Estados por deliberação do Poder Legislativo;

Considerando porém, que o Congresso Nacional não poude tratar da situação do Estado do Rio;

Considerando que é absurdo suppôr que não soffro excepções a jurisprudencia que tem consagrado o principio de que nos casos de deformação ou subversão da fórma republi cana federativa é ao Congresso Nacional que cabe resolver, porquanto tal interpretação levaria a deixar a dita, fórma violada, nos seus fundamentos constitucionaes, quando o Congresso não estivesse reunido;

Considerando, por isso, que nada impede o Poder Executivo Federal de intervir em qualquer Estado da União para garantir-lhe a fórma republicana de governo, até que o Congresso resolva definitivamente a respeito;

Considerando que isso mesmo já foi decidido pelo Supremo Tribunal Federal, no accórdão de 1 de abril de 1914: "releva notar que si ao Congresso compete primariamente a intervenção no caso do art 6º, § 2º, emergencias, comtudo, podem surgir que justificam, como no caso de necessidade de immediata declaração de guerra ou de estado de sitio, a acção isolada do Executivo, ainda, que subordinado á deliberação do Congresso na sua primeira reunião», e no accórdão de 23 de maio do mesmo anno, acceitando a doutrina de João Barbalho: "entretanto, si a competencia para a intervenção é primariamente do Poder Legislativo, que é o poder politico por excellencia, nem por isso ficarão sem acção os dous poderes o Executivo terá mesmo a iniciativa de intervenção (subordinada ás deliberações do Congresso) si urgente for intervir pelo perigo da ordern publica e tornar-se necessario o immediato emprego da força armada;

Considerando, por outro lado, que o n. 3 do proprio artigo 6º da Constituição confere ao Governo Federal a attribuição de intervir nos Estados da União «para restabelecer a ordem e a tranquillidade dos Estados, á requisição dos respectivos governos»;

Considerando que a inexistencia de governo no Estado do Rio, pois em tanto importa não haver alli nenhum legitimo, torna impossivel que a intervenção se realize «á requisição do respectivo governo»;

Considerando, porém, que si essa requisição não se póde dar por inexistencia do governo local, á União cabe comtudo o dever de restabelecer a ordem alterada no dito Estado;

Considerando que a citada disposição constitucional, usando da restricção «á requisição dos respectivos governos», quiz impedir a acção espontanea da União sobre os governos estaduaes regularmente organizados;

Considerando, porém, que não ha actualmente nenhum governo regularmente organizado no Estado do Rio, e a desordem e a anarchia crescem de instante a instante no seu territorio, chegando a ameaçar os proprios funccionarios da União;

Considerando que o estado de dualidade de governos está produzindo essa desordem em todos os municipios do Estado do Rio, sem que qualquer dos pretensos presidentes possa fazer valer a sua autoridade, o que exige a acção da União para conseguir a paz e a tranquillidade publicas;

Considerando que a propria jurisprudencia do Supremo Tribunal tem reconhecido que a intervenção é um acto politico da competencia dos Poderes Legislativo e Executivo (Acc. de 1° de abril de 1914; 16 de maio de 1914; 1° de abril de 1915):

Resolve intervir, na fórma do art. 6° n. 3. combinado com o n. 2 do mesmo artigo da Constituição da Republica, no Estado do Rio de Janeiro, *nomeada interventor* por parte do Governo da União o Dr. Aurelino de Araujo Leal, *o qual assumirá o governo do Estado e o exercerá nos termos das Instrucções que lhe serão expedidas por decreto do Poder Executivo.*

Rio de Janeiro, 10 de janeiro de 1923, 102° da Independencia e 35° da Republica.

ARTHUR DA SILVA BERNARDES

João Luis Alves

DECRETO N° 15.923, DE 10 DE JANEIRO DE 1923

Expede instruções ao interventor no Estado do Rio de Janeiro

O Presidente da Republica dos Estados Unidos do Brasil, tendo em vista o decreto n. 15.922, desta data, resolve approvar as instrucções que se seguem, assignadas pelo Ministro de Estado da Justiça e Negocios Interiores, pelas quaes se regulará o interventor federal no Estado do Rio de Janeiro, nos termos do decreto acima referido.

Rio de Janeiro, 10 de janeiro de 1923, 102° da Independencia e 35° da Republica.

ARTUHR DA SILVA BERNARDES

João Luiz Alves

INSTRUCÇÕES NOS TERMOS DO DECRETO ACIMA

Art. 1° O interventor assumirá o governo do Estado do Rio de Janeiro, nomeando os seus auxiliares de Governo de accôrdo com as leis do Estado, para o que escolherá pessoas estranhas aos partidos em lucta.

Art. 2° Nos termos do art. 63 da Constituição Federal, o governo e administração do Estado serão regulados pelas leis do mesmo Estado.

Paragrapho unico. Quando as ditas leis forem omissas, o interventor federal, por meio de decreto seu, proverá respeito, expedindo os necessarios regulamentos e instrucções.

Art. 3º Fica entendido que o interventor applicará sómente as leis do Estado sanccionadas ou promulgadas até 1921, inclusive, em consequencia da dualidade de assembléas locaes.

Paragrapho unico, No exercicio de 1923 será posto em vigor o orçamento de 1921, na parte relativa á receita e despeza, observando-se os contractos realizados, não sendo, porém, utilizadas as disposições de caracter extraordinario e transitorio, entre as quaes não se contarão as referentes á receita extraordinaria, que continuará a ser arrecadada.

Art. 4º *O interventor substituirá em tudo o Governo normal do Estado, podendo*:

N. 1, *preencher, nos termos das leis locaes, os cargos que vagarem*;

N. 2, *afastar, si não lhe merecerern confiança, quaesquer fnnccionarios do Estado dos respectivos cargos*, determinando que outros os substituam, podendo, para isso, mas em ambos os cargos em commissão, recorrer a pessoas estranhas ao funccionalismo local;

N. 3, adoptar providencias rigorosas no tocante á arrecadação das rendas do Estado;

N. 4, *prover ás despexzas publicas de accôrdo com o orçamento estadual*;

N. 5, *exercer suprema inspecção*, por intermedio do chefe de Policia que nomear, *sobre a segurança publica do Estado*, demittindo e nomeando livremente as autoridades policiaes;

N. 6, nomear livremente em commissão commandante para a Força Policial do Estado e outros quaesquer officiaes auxiliares, dentre a officialidade do Exercito;

N. 7, utilizar a dita força no serviço policial do Estado ou desarmal-a, si assim entender necessario;

N. 8, utilizar, no serviço de segurança geral, a força federal de terra e mar que fôr posta á sua disposicão ou requisital-a em maior numero e efficiencia ao Governo Federal;

N. 9, adoptar as medidas necessarias para a garantia de todos os direitos individuaes.

Art. 5º O interventor cumprirá outras instrucções que venham a ser expedidas pela mesma fórma destas.

Art. 6º Serão garantidos todos os funccionarios vitalicios.

Art. 7º Logo que assumir o exercicio do seu cargo o interventor federal fará, balancear o Thesouro do Estado.

Art. 8º O interventor não poderá realizar contractos nem assumir obrigações que excedam o tempo da intervenção.

Art. 9º O interventor gosará de franquia postal e telegraphica.

Art. 10. Ao terminar a intervenção, o interventor federal apresentará ao Presidente da Republica, por intermedio do ministro da Justiça, um relatorio circumstanciado dos actos da intervenção.

Rio do Janeiro, 10 de janeiro de 1923. – João Luiz Alves. (Grifos nossos)

Como se vê, em que pese o Poder Legislativo estivesse submetido à intervenção federal, nem por isso o interventor assumiu funções legislativas, tais como iniciar processo legislativo, discutir as referidas matérias ou votá-las. Não o fez por meio de "comissão de legisladores", muito menos poderia fazê-lo sozinho, sob pena de torna-se "legislador individual" de todo o Estado-Membro. O decreto foi claro ao facultar ao interventor praticar atos típicos de gestão do Estado-Membro, tais como o preenchimento dos cargos que vagarem, prover as despesas públicas conforme o orçamento estadual, exercer a inspeção da segurança pública, etc.

Portanto, é de se mencionar a impossibilidade de o interventor exercer funções exclusivas do Poder Legislativo, visto que certas atividades são intrínsecas e específicas do órgão de representação popular, não podendo – em hipótese alguma – ser usurpadas por agente alheio ao Parlamento. Exemplo insofismável dessa restrição ao interventor consiste no trabalho desempenhado pelas *Comissões Parlamentares de Inquérito (CPIs)*. Essas comissões são representações máximas do poder fiscalizatório do Poder Legislativo, integradas por parlamentares, que terão poderes de investigação próprios das autoridades judiciais, além de outros previstos nos regimentos das respectivas Casas, criadas mediante requerimento de um terço de seus membros para a apuração de fato determinado e por prazo certo, sendo suas conclusões, se for o caso, encaminhadas ao Ministério Público, para que promova a responsabilidade civil ou criminal dos infratores (art. 58, § 3º, da CF/1988).

Com efeito, com a intervenção – mesmo com a intervenção total – o interventor não poderá exercer a função exclusiva do Poder Legislativo, isto é, ele próprio criar as Comissões Parlamentares de Inquérito, tampouco integrá-las como membro (salvo se parlamentar do respectivo Poder), bem como não poderá impedir a sua instalação e funcionamento, porquanto é ato exclusivo do Poder Legislativo, que expressa a fiscalização popular sobre os atos públicos. A jurisprudência do Supremo Tribunal Federal é pacífica:[104] "Às câmaras legislativas pertencem poderes investigatórios, bem como os meios instrumentais destinados a torná-los efetivos. Por uma questão de funcionalidade elas os exercem por intermédio de comissões parlamentares de inquérito, que fazem as suas vezes. Mesmo quando as comissões parlamentares de inquérito não eram sequer mencionadas na Constituição, estavam elas armadas de poderes congressuais, porque sempre se entendeu que o poder de investigar era inerente ao poder de legislar e de fiscalizar, e sem ele o Poder Legislativo estaria defectivo para o exercício de suas atribuições.

[104] STF. Supremo Tribunal Federal. Tribunal Pleno. *HC 71039 / RJ*. Rel. Min. Paulo Brossard. Julgamento: 07/04/1994. Publicação: 06/12/1996. Disponível em: <https://jurisprudencia.stf.jus.br/pages/search/sjur118841/false>. Acesso em 9-12-2020.

O poder investigatório é auxiliar necessário do poder de legislar; *conditio sine qua non* de seu exercício regular. Podem ser objeto de investigação todos os assuntos que estejam na competência legislativa ou fiscalizatória do Congresso".

Igualmente, afigura-se impossível ao interventor exercer atividade inerente dos membros do Poder Legislativo, consistente em responsabilizar o Chefe do Poder Executivo por eventual crime de responsabilidade, eis que se trata de atributo do republicanismo constitucional (art. 52, I, parágrafo único, CF/1988 c/c arts. 74 a 79 da Lei nº 1.079/1950 e arts. 4º e 5º do Decreto-Lei nº 201/1967). De igual modo, é vedado ao interventor impedir ou tentar impedir os parlamentares de exercer regularmente o processo e julgamento de *impeachment* contra o Chefe do Poder Executivo (Governador ou Prefeito).

Outrossim, é competência exclusiva dos membros do Poder Legislativo estadual ou municipal julgar anualmente as contas prestadas pelo Governador ou Prefeito e apreciar os relatórios sobre a execução dos planos de governo (art. 49, IX; art. 31, § 2º, e art. 75 da CF/1988). Tal atividade é ínsita ao Poder Legislativo, não podendo ser delegada – em nenhuma hipótese – ao interventor. Tampouco as referidas atividades deixarão de ser executadas em razão da intervenção federal, sob pena de descumprir mandamento expresso na Constituição da República – visto que, é dever institucional "julgar *anualmente* as contas prestadas" (art. 49, IX, CF/1988).

Ademais, é imperioso consignar a seguinte pergunta: e se a intervenção for total e atingir simultaneamente os Poderes Legislativo e Executivo do ente federado, como se realizaria o processo legislativo e fiscalizatório durante a vigência da medida interventiva? Essa indagação não se trata de mera conjectura ou divagação, sendo antes algo real, plenamente possível. A título de exemplo, em 11 de fevereiro de 2010, o Procurador-Geral da República apresentou pedido de Intervenção Federal no Distrito Federal, com fundamento no art. 34, VII, *a*, da CF/1988, em virtude de "existência de largo esquema de corrupção. Envolvimento do ex-governador, deputados distritais e suplentes. Comprometimento das funções governamentais no âmbito dos Poderes Executivo e Legislativo".[105] Consoante a peça inaugural protocolada pelo PGR, "a medida postulada, notoriamente excepcional, busca resgatar a normalidade institucional, a própria credibilidade das instituições e dos administradores públicos bem como resgatar a observância

---

[105] STF. Supremo Tribunal Federal. Tribunal Pleno. *IF 5179/DF*. Rel. Min. Cezar Peluso. Julgamento: 30/06/2010. Publicação: 08/10/2010. Ementa. Disponível em: <https://jurisprudencia.stf.jus.br/pages/search?classeNumeroIncidente=%22IF%205179%22&base=acordaos&sinonimo=true&plural=true&page=1&pageSize=10&sort=_score&sortBy=desc&isAdvanced=true>. Acesso em 9-12-2020.

necessária do princípio constitucional republicano, da soberania popular – atendida mediante a apuração da responsabilidade dos eleitos – e da democracia".[106]

Desse modo, acaso fosse julgado procedente o pedido para decretar a intervenção federal nos Poderes Legislativo e Executivo do Distrito Federal, porventura o interventor poderia exercer cumulativamente as funções legislativa e executiva? Absolutamente que NÃO!

De fato, o interventor poderia exercer funções de natureza administrativo-organizatória, isto é, atividades de gestão. Não obstante, ser-lhe-ia vedado executar atos típicos dos Poderes Legislativo ou Executivo, tais como a propositura de leis, sancionar ou vetar leis, proceder à derrubada de veto, etc. Para o exercício de atividades dessa natureza – que são exclusivas – , esta corrente entende ser necessária a convocação dos respectivos substitutos legais, a fim de afastar os membros impedidos e permitir a continuidade de tarefas constitucionais e de competência exclusiva, concomitantemente à vigência da intervenção federal (o mesmo raciocínio se aplica à intervenção estadual, em razão do princípio da simetria). A este fenômeno denomina-se *intervenção-simultânea*, visto que será executada a medida estabelecida no decreto interventivo pelo interventor (de natureza administrativo-organizatória) ao mesmo tempo em que serão realizadas as atividades exclusivas dos Poderes Executivo e Legislativo pelos substitutos legais (iniciativa de leis, deliberação, sanção, veto, CPIs, julgamento de contas anuais do Chefe do Executivo, processamento de *impeachment*, etc.).

Assim, a esse modelo proposto deve ser aplicado o "princípio da isonomia" no que concerne ao âmbito da intervenção no Poder Judiciário. Isso porque a intervenção federal no Poder Judiciário não atinge a atividade jurisdicional – por ser função exclusiva dos membros da magistratura – mas só incide em funções administrativas (STF, IF nº 578, Rel. Min. Celso de Mello, J. 22.3.1999, DJU 7.4.1999). Igual raciocínio aplica-se quando houver intervenção federal/estadual no Poder Executivo ou Legislativo, visto que esses Poderes também possuem atividades que lhe são exclusivas, não podendo ser exercidas por outras pessoas que não sejam os titulares ou os respectivos substitutos legais.

Em outras palavras, tendo em vista tais limitações para o exercício de atividades exclusivas de Poder, bem como a necessidade da continuidade do processo legislativo na resolução dos problemas regionais ou municipais, esta corrente propugna a convocação dos respectivos substitutos legais do Poder Executivo e do Poder Legislativo, acaso os

---

[106] PGR. Procuradoria-Geral da República. *Nº 1481 – PGR – RG. Pedido de Intervenção Federal no Distrito Federal.* P. 27-28. Disponível em: <http://www.stf.jus.br/arquivo/cms/noticiaNoticiaStf/anexo/__noticias.pgr.mpf.gov.b...fs_Intervencao_federal_DF.pdf>. Acesso em 9-12-2020.

membros desses Poderes sejam afastados temporariamente em decorrência de intervenção federal/estadual ou por decisão judicial proferida antes/durante d(o) julgamento da própria intervenção. Nesse contexto, em caso intervenção no âmbito do *Poder Executivo* e afastamento do titular, exsurge a figura dos sucessores na seguinte ordem: Vice-Governador/Vice-Prefeito; Presidente da Assembleia Legislativa/Câmara Municipal; 1°, 2° ou 3° Secretário da Mesa Diretora estadual/municipal; deputados/vereadores titulares no exercício de representação do órgão legislativo; em última hipótese, os respectivos suplentes, caso os titulares estejam afastados. No âmbito do *Poder Legislativo*, se a intervenção eventualmente afastar os deputados ou vereadores, exsurge a figura dos suplentes – a serem convocados pela Justiça Eleitoral – que são os substitutos legais dos titulares dos mandatos, de maneira a exercer as funções ínsitas do órgão legiferante.

Assim, os poderes a serem exercidos pelo interventor devem ser harmonizados de acordo com os princípios constitucionais. A esse respeito, na interpretação da Carta Magna, impõe-se a observância do princípio da *unidade da constituição*, que, consoante lição de Canotilho, significa que a "constituição deve ser interpretada de forma a evitar contradições (antinomias, antagonismos) entre as suas normas. Como 'ponto de orientação, guia de discursão e fato hermenêutico de decisão', o princípio da unidade obriga o intérprete a considerar a constituição na sua globalidade e a procurar harmonizar os espaços de tensão existentes entre as normas constitucionais a concretizar. Daí que o intérprete deva sempre considerar as normas constitucionais não como normas isoladas e dispersas, mas sim como preceitos integrados num sistema interno unitário de normas e princípios".[107]

De igual modo, o intérprete constitucional deve atentar-se ao princípio da *correção funcional* que, conforme Konrad Hesse, "se a Constituição regula, de certa maneira, a competência dos agentes das funções estatais, o órgão de interpretação deve manter-se no marco das funções que lhe são atribuídas; esse órgão não deverá modificar a distribuição de funções pela forma e resultado dessa interpretação. Isto se aplica, em particular, às relações entre legislador e tribunal constitucional".[108]

Portanto, esta doutrina filia-se à segunda corrente, ou seja, os poderes atribuídos ao interventor devem ser interpretados restritivamente, não podendo praticar atos legislativos ou fiscalizatórios exclusivos do Poder Legislativo ou do Poder Executivo, visto que a intervenção

---

[107] CANOTILHO, José Joaquim Gomes. *Direito Constitucional e Teoria da Constituição*. 3ª ed. Coimbra: Almedina, 1998, p. 1148-1149.

[108] HESSE, Konrad. *Temas Fundamentais do Direito Constitucional*. Série IDP. São Paulo: Saraiva, 2009, p. 115.

configura ato anômalo ao Estado federal, consistente na limitação e interferência direta na autonomia dos demais entes, razão pela qual impõe-se intepretação estrita.

10.6. Responsabilidade do interventor

Caso cometa atos contrários ao ordenamento jurídico, o interventor pode ser responsabilizado. O vocábulo "responsabilidade" decorre do latim *respondere*, significando responder, garantir, assegurar ou assumir as consequências pelos atos praticados. Revela o sentido de responder por alguma coisa, devendo suportar as sanções legais que são impostas pelo ordenamento jurídico.[109]

No capítulo específico que trata da intervenção (arts. 34 a 36), a Constituição Federal de 1988 não dispôs expressamente acerca da responsabilidade do interventor. Sem embargo, considerando diversos preceitos constantes do sistema jurídico, o interventor responde por atos ilegais praticados durante a intervenção. Preleciona Rafael Bielsa: "pode ocorrer que no exercício do cargo o interventor incorra em responsabilidade comum, civil ou penal, com motivo de suas funções, lesionando direitos, não da província, senão dos particulares, em cujo caso se extrapola e é lógico considerá-lo fora da função federal, porque a responsabilidade pessoa coloca ao que incorre nela fora da função, ainda que o fato ou ato haja nascido do exercício do cargo; sendo assim, deve ser mandado o acusado aos tribunais competentes".[110]

Ademais, em decorrência dos atos praticados com fulcro no decreto interventivo, é possível a responsabilidade do ente promovedor da intervenção. Se o ordenador da medida interventiva for a União, caberá a ela responsabilizar-se pelos atos praticados pelo interventor em estrito cumprimento do decreto. Noutro giro, caso a intervenção seja promovida por Estado-Membro no seu município, caberá ao ente regional a respectiva assunção de responsabilidade pelos atos emanados do decreto interventivo estadual. Contudo, o interventor não se submete ao processo de *impeachment* pelo órgão regional ou municipal submetido à intervenção, pois do contrário o próprio ente poderia destituir, por si só, o interventor nomeado pela União ou pelo Estado-Membro, aniquilando de forma unilateral a intervenção a que está submetido. Ora, a intervenção é imposta coativamente ao Estado-Membro ou ao Município, não podendo os referidos entes se autoexcluírem da intervenção por meio de julgamento do interventor em processo

---

[109] SILVA, De Plácido e. *Vocabulário Jurídico*. 26ª ed. Rio de Janeiro: Forense, 2005, p. 1.222.

[110] BIELSA, Rafael. *Derecho Constitucional*. 3ª ed. Buenos Aires: Depalma, 1959, p. 834.

de *impeachment*, movido pelo próprio Estado ou Município intervindo, sob pena de desvirtuar por completo o sistema constitucional.

Nesse sentido, preleciona Pontes de Miranda: "o interventor não está sujeito ao *impeachment* que a Constituição federal estabeleceu para o Presidente da República ou que a Constituição estadual estabeleceu para o Governador, porém está sujeito às responsabilidades e ações que se referem aos funcionários públicos federais. A União responde pelos danos causados por atos ilegais do Interventor, se os praticou só como Interventor, enquanto durar a intervenção e persistirem os efeitos lesivos. Se os atos ou seus efeitos continuam e a autoridade estadual (ou municipal), que pode ab-rogá-las ou fazer cessarem, não no faz, incumbe ao Estado-Membro (ou Município) a responsabilidade, a partir do momento em que as podia ab-rogar ou interromper (Supremo Tribunal Federal, 3 de setembro de 1926). Se o ato foi praticado, não só como de Interventor, mas como de autoridade local e por força de lei, regulamento já existente ou circunstância, a cuja prática a autoridade local teria de ser, como ele, levada, então sim, a responsabilidade é do Estado-Membro ou do Município, se só a ele interessava".[111]

Portanto, o interventor responde pelos atos praticados durante a intervenção, submetendo-se à *responsabilidade civil* (regressivamente, em decorrência de dolo ou culpa); *responsabilidade administrativa* (por desvio funcional previsto em regime jurídico, a exemplo da Lei nº 8.112/1990) e *responsabilidade penal* (por cometimento de ação típica, antijurídica e culpável como interventor, a exemplo de ordem ou consentimento com a prática de tortura, ato de abuso de autoridade, etc.).

Afora a comum tríade responsabilização, se o interventor for militar, é possível a *responsabilidade militar* por crime ou infração militar perpetrado como gestor da intervenção, a depender do contexto fático, nos termos do Código Penal Militar. Se o interventor for parlamentar federal, é possível a *responsabilidade parlamentar* em razão de quebra de decoro parlamentar por conduta praticada ao conduzir a intervenção, haja vista que o licenciamento para exercer outra função ou atuar em outra esfera de poder não rompe o vínculo institucional como membro do Congresso Nacional. A jurisprudência do STF é pacífica:[112]

> "3. *O membro do Congresso Nacional que se licencia do mandato* para investir-se no cargo de Ministro de Estado *não perde os laços que o unem, organicamente, ao Parlamento* (CF, art. 56, I). Consequentemente, continua

---

[111] MIRANDA, Pontes de. *Comentários à Constituição de 1967*. Com a Emenda n. I, de 1969. Tomo II. 2ª ed. São Paulo: Revista dos Tribunais, 1973, p. 263.

[112] STF. Supremo Tribunal Federal. Tribunal Pleno. MS 25579 MC/DF. Redator(a) do acórdão: Min. Joaquim Barbosa. Julgamento: 19/10/2005. Publicação: 24/08/2007. Disponível em: <https://jurisprudencia.stf.jus.br/pages/search/sjur90094/false>. Acesso em 21-11-2020.

a subsistir em seu favor a garantia constitucional da prerrogativa de foro em matéria penal (INQ-QO 777-3/TO, rel. min. Moreira Alves, DJ 01.10.1993), bem como a faculdade de optar pela remuneração do mandato (CF, art. 56, § 3º). Da mesma forma, *ainda que licenciado, cumpre-lhe guardar estrita observância às vedações e incompatibilidades inerentes ao estatuto constitucional do congressista*, assim como às *exigências ético-jurídicas que a Constituição* (CF, art. 55, § 1º) e *os regimentos internos das casas legislativas estabelecem como elementos caracterizadores do decoro parlamentar*".

Portanto, o interventor responde pelos atos praticados ao comandar a intervenção estadual, estando sujeito ainda à responsabilidade específica de acordo com o regime jurídico a que esteja vinculado institucionalmente.

10.7. Reparação civil por atos interventivos

É cediço que a intervenção federal em Estado-Membro consiste em atuação da União em ente regional, conforme as hipóteses excepcionais insculpidas no art. 34 da CF/88, bem como a intervenção estadual nos seus municípios, que revela ação estadual na esfera de competência da municipalidade.

Por conseguinte, é plenamente possível que em decorrência da intervenção federal ou estadual ocorra danos a vítimas ou a terceiros por ação realizada pelos respectivos agentes executores ou em razão da medida interventiva. "A intervenção federal só 'se dirige' contra o Estado, não contra os cidadãos inocentes; estes ela apenas 'atinge".[113] Em casos assim, aplica-se o art. 37, § 6º, da Constituição Federal de 1988, de modo que a pessoa jurídica de direito público (União ou Estado-Membro) responsável pela causação do dano à vítima responde objetivamente, ou seja, independentemente da existência ou comprovação de culpa, bastando a comprovação do nexo de causalidade entre a ação e o dano.

Acerca da responsabilidade por danos na intervenção federal nos estados-membros, Hans Kelsen é categórico: "os atos correspondentes à competência da União devem ser imputados não ao estado-membro, mas à União, enquanto entidade parcial. Nesses atos quem age é a União e não o estado-membro, ainda que os titulares dessa função federal sejam indivíduos que em outras funções – que se incluem na competência do estado-membro, isto é, dentro da competência executiva autônoma do estado-membro – agem como órgão deste".[114]

[113] KELSEN, Hans. *Jurisdição Constitucional*. 3ª ed. São Paulo: WMF Martins Fontes, 2013, p. 86.
[114] Ibid., p. 62-63.

Nos comentários à Constituição de 1937, Araújo Castro já informava que na intervenção federal "a União somente é responsável pelas perdas e danos resultantes de atos ilícitos do Interventor, cabendo ao Estado a responsabilidade dos que forem praticados no exercício das atribuições ordinárias do seu governo".[115]

Posto isso, a responsabilidade por eventual reparação civil decorrente de intervenção será de incumbência da *União* se o dano advier de intervenção federal em Estado-Membro, no Distrito Federal ou em Município localizado em Território Federal, haja vista que o ato (ação ou omissão) foi originado de autoridade federal representando a União, sendo esta a responsável juridicamente. De igual modo, a responsabilidade recairá sobre o *Estado-Membro* se eventual prejuízo decorrer de intervenção estadual em seus Municípios, uma vez que o ato (ação ou omissão) foi praticado por representante do Estado interventor.

Sem embargo, a responsabilidade civil do Poder Público restará afastada caso não seja constatado o nexo de causalidade entre a ação ou omissão e o dano causado. O STF possui julgado acerca desse tema, com a seguinte entendimento: "A responsabilidade do Estado, embora objetiva por força do disposto no artigo 107 da Emenda Constitucional n. 1/69 (e, atualmente, no parágrafo 6º do artigo 37 da Carta Magna), não dispensa, obviamente, o requisito, também objetivo, do nexo de causalidade entre a ação ou a omissão atribuída a seus agentes e o dano causado a terceiros. – No caso, em face dos fatos tidos como certos pelo acórdão recorrido, e com base nos quais reconheceu ele o nexo de causalidade indispensável para o reconhecimento da responsabilidade objetiva constitucional, e inequívoco que o nexo de causalidade inexiste, e, portanto, não pode haver a incidência da responsabilidade prevista no artigo 107 da Emenda Constitucional n. 1/69, a que corresponde o parágrafo 6º do artigo 37 da atual Constituição".[116]

Atualmente, o Supremo Tribunal Federal reconhece a responsabilidade objetiva do Poder Público, mas admite que não se trata de responsabilidade absoluta, eis que é possível excluí-la se constatada a existência de caso fortuito ou força maior, bem como se houver culpa atribuível à própria vítima,[117] *in litteris:*

> "1. A responsabilidade civil das pessoas jurídicas de direito público e das pessoas jurídicas de direito privado prestadoras de serviço público

---

[115] CASTRO, Araújo. *A Constituição de 1937*. 2ª ed. Rio de Janeiro: Freitas Bastos, 1941, p. 69.

[116] STF. Supremo Tribunal Federal. Primeira Turma. RE 130764/PR. Relator: Min. Moreira Alves. Julgamento: 12/05/1992. Publicação: 07/08/1992. Disponível em: <https://jurisprudencia.stf.jus.br/pages/search/sjur113372/false>. Acesso em 22-11-2020.

[117] STF. Supremo Tribunal Federal. Tribunal Pleno. RE 608880/MT. Relator: Min. Marco Aurélio. Julgamento: 08/09/2020. Publicação: 01/10/2020. Disponível em: <https://jurisprudencia.stf.jus.br/pages/search/sjur432834/false>. Acesso em 22-11-2020.

baseia-se no risco administrativo, sendo objetiva, exige os seguintes requisitos: ocorrência do dano; ação ou omissão administrativa; existência de nexo causal entre o dano e a ação ou omissão administrativa e ausência de causa excludente da responsabilidade estatal. 2. A jurisprudência desta CORTE, inclusive, entende ser objetiva a responsabilidade civil decorrente de omissão, seja das pessoas jurídicas de direito público ou das pessoas jurídicas de direito privado prestadoras de serviço público. 3. Entretanto, *o princípio da responsabilidade objetiva não se reveste de caráter absoluto, eis que admite o abrandamento e, até mesmo, a exclusão da própria responsabilidade civil do Estado, nas hipóteses excepcionais configuradoras de situações liberatórias como o caso fortuito e a força maior ou evidências de ocorrência de culpa atribuível à própria vítima*. 4. A fuga de presidiário e o cometimento de crime, sem qualquer relação lógica com sua evasão, extirpa o elemento normativo, segundo o qual *a responsabilidade civil só se estabelece em relação aos efeitos diretos e imediatos causados pela conduta do agente*. Nesse cenário, em que não há causalidade direta para fins de atribuição de responsabilidade civil extracontratual do Poder Público, não se apresentam os requisitos necessários para a imputação da responsabilidade objetiva prevista na Constituição Federal – em especial, como já citado, por ausência do nexo causal". (Grifos nossos)

No que concerne à competência para processar e julgar demandas indenizatórias resultantes de intervenção federal, cabe à Justiça Federal apreciar ações contra União, eis que compete aos juízes federais julgar as causas em que a União figurar na condição de ré, assistente ou oponente, nos termos do art. 109, I, da CF/1988. Por sua vez, será de competência da Justiça Estadual processar e julgar demandas em face do respectivo Estado-Membro ou Município – decorrentes da intervenção – porquanto o ato fora praticado por autoridade sujeita ao Estado-Membro, afora a ausência de interesse ou conexão da União na solução da lide.

Portanto, em regra, o Estado responde pelos danos causados a terceiros em decorrência de ação ou omissão de agente público atuando no exercício da função ou em razão dela na execução de intervenção federal ou estadual. Caso haja dolo ou culpa do interventor, é ainda assegurado à União ou ao Estado-Membro o direito de regresso contra o responsável pelo dano causado, nos termos do art. 37, § 6º, da CF/1988. Todavia, não haverá responsabilidade estatal caso inexista nexo de causalidade entre a ação/omissão do interventor com o dano sofrido pelo particular, em razão da ausência de conduta estatal ou ato de origem direta e imediata do Poder Público. Igualmente, exclui-se a responsabilidade estatal se o dano advier de caso fortuito, força maior ou de culpa atribuível à própria vítima, conforme jurisprudência do STF.

Finalmente, a competência para o processamento e julgamento de eventuais ações reparatórias será da Justiça Federal se o alegado dano advier de intervenção federal nos estados-membros ou, alternadamente, de competência da Justiça Estadual se o suposto dano for proveniente de intervenção estadual nos seus Municípios.

11. É possível intervenção estadual em território estadual?

Como visto anteriormente, a intervenção estadual incide sobre os municípios abrangidos na área do respectivo Estado-Membro. Nesse tópico, investiga-se acerca da possibilidade ou não de ser decretada a intervenção estadual em Território pertencente à respectiva unidade regional.

Inicialmente, esclareça-se que com a Constituição Federal de 1988, os Territórios deixaram de compor a Federação, uma vez que não fazem mais parte da organização político-administrativa do Brasil. Na Constituição de 1967, os Territórios compunham a união indissolúvel da República Federativa brasileira, nos termos do artigo 1º: " O Brasil é uma República Federativa, constituída sob o regime representativo, pela união indissolúvel dos Estados, do Distrito Federal e dos *Territórios*" (art. 1º, CF 1967).

Quando da promulgação da atual Lei Maior, os Territórios Federais então existentes passaram a integrar a União, nos termos do artigo 18 da Constituição: "Os Territórios Federais *integram* a União, e sua criação, transformação em Estado ou reintegração ao Estado de origem serão reguladas em lei complementar" (art. 18, § 2º, CF/1988). A esse respeito, Michel Temer esclarece: "não podemos admitir que o Território seja parte integrante da Federação. Ser parte componente, integrante de um todo, é compor a sua substância, o que quer significar que desaparecidas as partes componentes desaparece o todo. A Federação é formada por compartimentos que possuem capacidade política".[118] Conforme lição de José Afonso da Silva, os Territórios possuem "natureza de mera autarquia, simples descentralização administrativo-territorial".[119]

Dessa forma, a Constituição de 1988 extinguiu o Território Federal de Fernando de Noronha, sendo desde então a sua área reincorporada

[118] TEMER, Michel. *Elementos de Direito Constitucional*. 13ª ed. São Paulo: Malheiros, 1997, p. 99.

[119] SILVA, José Afonso da. *Curso de Direito Constitucional Positivo*. 9ª ed. São Paulo: Malheiros, 1994, p. 412-413.

ao Estado de Pernambuco (art. 15, ADCT, CF/1988). De acordo com a Constituição do Estado de Pernambuco, o Arquipélago de Fernando de Noronha é incluído entre os bens do Estado, sendo o Território designado de "Distrito Estadual de Fernando de Noronha". O Distrito Estadual de Fernando de Noronha é dotado de estatuto próprio, com autonomia administrativa e financeira, nos termos dos arts. 4°, II, 14, XXVII, c/c art. 96 da CEPE.[120] Como forma de regular a matéria, a Lei n° 11.304, de 28 de dezembro de 1995, trata da normatização do Arquipélago de Fernando de Noronha, que constitui região geoeconômica, social e cultural do Estado de Pernambuco, instituído sob a forma de Distrito Estadual, tendo natureza jurídica de "autarquia territorial".

Nesse sentido, o Distrito Estadual de Fernando de Noronha, entidade autárquica integrante da administração direta do Poder Executivo, exerce sobre toda a extensão da área territorial do Arquipélago de Fernando de Noronha a jurisdição plena atribuída às competências estadual e municipal, bem como os poderes administrativos e de polícia próprios de ente público, nos termos do art. 1° da Lei n° 11.304, de 28 de dezembro de 1995. Outrossim, conforme art. 23 da lei do respectivo Território, o Administrador-Geral detém as prerrogativas, direitos e vantagens atribuídos aos Secretário de Estado, possuindo o mesmo tratamento.[121]

Feitos tais esclarecimentos, afigura-se útil retornar ao instituto da intervenção. Como é cediço, a intervenção estadual se dá mediante a interferência de um ente federado na autonomia política de outra unidade que compõe a federação, isto é, a atuação direta de Estado-Membro em seu Município. Por sua vez, os Territórios estaduais são "autarquias" que integram o respectivo Estado-Membro, sendo organizados e controlados pelo ente regional, não sendo titulares de autonomia. Desse modo, o Estado-Membro tem o poder inerente de governar discricionariamente os Territórios que representem extensão de seus domínios.

Ainda que o Território detenha parcela do exercício de Poderes, estes são limitados e indicados pelo Estado-Membro, não havendo plena liberdade política e administrativa. Exemplificadamente, o Administrador-Geral do Distrito Estadual de Fernando de Noronha é nomeado e exonerado pelo Governador do Estado, sendo a nomeação precedida

[120] ALEPE LEGIS. Legislação do Estado de Pernambuco. *Constituição do Estado de Pernambuco.* Disponível em: <https://legis.alepe.pe.gov.br/texto.aspx?tiponorma=12&numero=1989&complemento=0&ano=1989&tipo=&url>. Acesso em 1-1-2021.

[121] ALEPE LEGIS. Legislação do Estado de Pernambuco. Lei n° 11.304, de 28 de dezembro de 1995. *Institui o Distrito Estadual de Fernando de Noronha, aprova a sua Lei Orgânica, dispõe sobre medidas de natureza administrativa e dá outras providências.* Disponível em: <https://legis.alepe.pe.gov.br/texto.aspx?id=2249&tipo>. Acesso em 1-1-2021.

de aprovação pela Assembleia Legislativa (art. 37, XVI, da CEPE); o orçamento do Território de Fernando de Noronha integra a Lei Orçamentária do Estado de Pernambuco, isto é, submete-se ao Poder Legislativo estadual; (art. 15, I, CEPE c/c art. 51 da Lei nº 11.304/1995). Acresça-se ainda que os juízes, membros do Ministério Público e Defensoria Pública não são da própria unidade territorial, mas sim são vinculados ao respectivo Estado-Membro.

Diante disso, considerando que os Territórios são autarquias do Estado-Membro e que o Governador nomeia o Administrador dos Territórios com a aprovação da Assembleia Legislativa, resta evidente que o ente regional já exerce o domínio sobre a respectiva unidade territorial, descabendo a intervenção. Portanto, descabe a intervenção em Territórios estaduais, uma vez que essas unidades já estão submetidas ao controle e subordinação direta do Estado-Membro, de modo que o Governador exerce o supervisionamento na unidade territorial. Ademais, a Constituição Federal não prevê a figura da intervenção estadual nos seus "Territórios", mas apenas admite a intervenção dos Estados-Membros nos seus "Municípios", sendo vedada a criação de hipóteses não previstas constitucionalmente.

Assim, no atual modelo federativo brasileiro, não há a intervenção estadual em "Território estadual", pois o Estado-Membro já exerce o controle sobre os seus Territórios, afora a inexistência de fundamento na Constituição da República.

12. Intervenção estadual nos municípios nas constituições brasileiras

A intervenção estadual em municípios é fenômeno novo no federalismo, pois é comum a União intervir nos Estados-Membros, mas não o ente regional intervir no ente municipal.

Márcia Pelegrini faz importante observação acerca da intervenção estadual nos municípios: "segundo Celso Ribeiro Bastos, não se tem notícia de previsão Constitucional semelhante no direito comparado. O motivo da inexistência de instituto semelhante é claro, uma vez que o Brasil é o único país que incluiu o Município como entidade integrante do Pacto Federativo. A situação do Município na Federação Brasileira é peculiar. Sendo o único país que conferiu aos Municípios a autonomia, extraída diretamente da Carta Magna, sem intermediação de qualquer outro ente integrante da Federação, é natural que seja também o único a prever a possibilidade da intervenção nessas entidades, posto que, a intervenção é instituto próprio do regime federativo e garantidor da autonomia conferida às unidades da Federação".[122]

Diante disso, é salutar a análise histórica das Constituições do País, a fim de melhor compreender tão relevante instituto na salvaguarda da federação.

12.1. Constituição de 1824

A Constituição de 1824 não reconhecia autonomia aos municípios, tendo estes assumido a função de divisão territorial, ou seja, eram destituídos de liberdade na gestão dos seus interesses locais. O Brasil era um país unitário, sendo o Imperador a "chave de toda organização Política" e o "Chefe Supremo da Nação". Dessa forma, não havia sido

[122] PELEGRINI, Márcia. *A Intervenção Estadual nos Municípios*. Cumprimento de ordem ou decisão judicial. São Paulo: Max Limonad, 2000, p. 149.

ainda instituído o modelo federal de Estado – na qual reside a figura da intervenção –, tampouco fora assegurada autonomia aos entes. Sem embargo, a Lei Maior conferia a participação dos cidadãos nas Câmaras Municipais: "Art. 167. Em todas as Cidades, e Villas ora existentes, e nas mais, que para o futuro se criarem haverá Câmaras, ás quais compete o Governo econômico, e municipal das mesmas Cidades, e Villas. Art. 168. As Câmaras serão eletivas, e compostas do número de Vereadores, que a Lei designar, e o que obtiver maior número de votos, será Presidente. Art. 169. O exercício de suas funções municipais, formação das suas Posturas policiais, aplicação das suas rendas, e todas as suas particulares e úteis atribuições, serão decretadas por uma Lei regulamentar".

Por força do artigo 169 da Constituição de 1824, editou-se lei reguladora das funções municipais. Segundo Hely Lopes Meirelles, essa norma "surgiu em 1°.10.1828, disciplinando o processo da eleição dos vereadores e juízes de paz e catalogando todas as atribuições da novel corporação, mas, com surpresa para os que tinham lobrigado a autonomia municipal nos dispositivos constitucionais, trouxe ela para as Municipalidades a mais estrita subordinação administrativa e política aos presidentes das Províncias. Assim, as franquias locais, que repontavam na Carta Imperial, feneciam na lei regulamentar. O centralismo provincial não confiava nas administrações locais e poucos foram os atos de autonomia praticados pelas Municipalidades, que, distantes do poder central, e desajudadas pelo governo das Província, minguavam no seu isolamento, enquanto os presidentes provinciais cortejavam o Imperador, e o Imperador desprestigiava os governos regionais, na ânsia centralizadora que impopularizava o Império. Na vigência da Lei regulamentar de 1828, que perdurou até a República, as Municipalidades não passaram de uma divisão territorial, sem influência política e sem autonomia na gestão de seus interesses, ante a expressa declaração daquele diploma legal de que as Câmaras eram corporações meramente administrativas (art. 24). Desprestigiadas politicamente, jungidas à Província e despojadas do poder judicante, as Municipalidades do Império contrastaram gritantemente com a organização anterior, do Município colonial, que desfrutava de franquias mais largas e consentâneas com as suas finalidades".[123]

Ante a inexistência do federalismo e a não concessão de autonomia aos municípios, consequentemente findava prejudicada eventual existência de instituto como a intervenção estadual nas municipalidades. Assim, a Constituição de 1824 não albergava tal hipótese.

---

[123] MEIRELLES, Hely Lopes. *Direito Municipal Brasileiro*. 7ª ed. São Paulo: Malheiros, 1994, p. 29-30.

12.2. Constituição de 1891

Na Carta Magna de 1891, não havia previsão de intervenção estadual nos municípios. Isso porque a Constituição brasileira baseou-se na Constituição norte-americana, que por sua vez previa auxílio da União nos Estados-Membros (artigo 4°, seção 4), mas não nos municípios ou em outras parcelas territoriais locais.

Em que pese a inexistência de intervenção estadual nos municípios na primeira Constituição republicana, era dever dos Estados assegurar a autonomia das municipalidades nos assuntos de peculiar interesse, conforme previsto no art. 68 da CF/1891. Segundo João Barbalho, "os interesses, o clima, a educação, os recursos, as circunstâncias das províncias são diversos em cada uma. Por conseguinte, era mais conveniente que elas pudessem reger os seus negócios municipais como entendessem melhor. Desde que o assunto é puramente municipal não cabe na gestão do Estado, como não cabe na da União o que for puramente estadual. E assim como o próprio Estado é o regulador dos negócios que são exclusivamente seus e estabelece sua Constituição, igualmente e com o mesmo direito, o município faz sua lei orgânica, seu estatuto basilar, e por ele institui e rege a administração de seus negócios particulares".[124]

Nos comentários à Constituição de 1891, Carlos Maximiliano também defendia a autonomia dos municípios: "em todos os sistemas de descentralização que vêm à luz, inclusive os mais largos, parte-se da ideia de que a unidade normal é o Estado; o departamento ou província, os arredondamentos, os cantões, as comunas constituem os submúltiplos. Invertem a pirâmide, colocando-a sobre o ápice. A verdadeira unidade original e primeira é a comuna. Foi dali que se partiu sempre na história de todas as libertações e ela ficará sendo a base de um governo livre. A autonomia do município é a célula da democracia. Rebenta a primeira revolta contra o régulo de aldeia. Passa-se das insubordinações locais para a reação geral, pacífica ou sangrenta. A vida política municipal tem sido a escola prática da liberdade".[125]

Assim, a Constituição de 1891 inovou ao conferir autonomia aos Municípios, cabendo aos Estados-Membros respeitar os assuntos de peculiar interesse local a cargo dos Municípios. Como forma do proteger a liberdade das comunas, a *Emenda Constitucional de 3 de novembro de 1926* alterou a Constituição de 1891 e estabeleceu a intervenção fede-

---

[124] BARBALHO, João. *Constituição Federal Brasileira. Comentários*. 2ª ed. Rio de Janeiro: F. Briguiet e Cia Editores, 1924, p. 380 e 382.

[125] MAXIMILIANO, Carlos. *Comentários à Constituição Brasileira*. 2ª ed. Rio de Janeiro: Jacintho Ribeiro dos Santos, 1923, p. 634.

ral nos estados para assegurar o respeito à autonomia dos municípios, conforme o art. 6°, inciso II, alínea "f", significando notável avanço do federalismo brasileiro.

Todavia, ante o caráter precursor do federalismo na primeira Constituição republicana, inexistia o instituto da intervenção estadual nos seus municípios.

12.3. Constituição de 1934

A Constituição de 1934, de forma categórica, assegurou aos Municípios a autonomia em tudo quanto respeitasse ao seu peculiar interesse, a exemplo da eletividade do Prefeito e dos Vereadores, a decretação dos seus tributos e a organização dos serviços de sua competência (art. 13, I, II e III, CF/1934).

Com tal previsão, segundo Pontes de Miranda, "criara-se a favor das comunas, com elementos de raciocínios jusnaturalísticos, o direito à competência mínima. Na luta da democracia contra a autocracia, compreende-se que se procurasse assegurar o mínimo de competência das comunas. Apriorizou-se o poder municipal, a autonomia dos Municípios, tidos, então, como autônomos e específicos".[126]

Além disso, a Constituição brasileira de 1934 inovou ao ser a primeira a prever o instituto da intervenção estadual nos municípios. Tal mecanismo decorreu do desenvolvimento do federalismo no País, bem como a necessidade de ter mecanismos de controle de eventual excesso do exercício da autonomia pelos Municípios. Ou seja, a autonomia não autoriza o abuso de direitos pelo ente que a detém, devendo ser evitado que a liberdade de gestão se transmude em descumprimento de deveres constitucionais.

Dessa forma, o art. 13, § 4°, autorizava a intervenção estadual na municipalidade para regularizar as finanças, quando se verificar impontualidade nos serviços de empréstimos garantidos pelos Estados, ou pela falta de pagamento da sua dívida fundada por dois anos consecutivos (pressupostos materiais). Eram duas as hipóteses deflagradoras da intervenção estadual: I – impontualidade nos serviços de empréstimos garantidos pelos Estados; II – falta de pagamento da sua dívida fundada por dois anos consecutivos (art. 13, § 4°, CF/1934).

Como se vê, a intervenção tinha por escopo normalizar as finanças municipais, sendo restrita a causa autorizadora se comparadas aos

---

[126] MIRANDA, Pontes de. *Comentários à Constituição da República dos E. U. do Brasil*. Tomo I. Rio de Janeiro: Editora Guanabara, 1936, p. 382.

diversos fatos que autorizam a intervenção federal nos entes estaduais – que prevê um total de sete hipóteses (art. 12, incisos I a VII, CF/1934). O regramento normativo da intervenção estadual em seus municípios deveria atender, no que fosse aplicável, as normas que regulavam a intervenção federal nos estados-membros. Tal previsão demonstrou evolução significativa na matéria, visto que ao se aplicarem as disposições normativas da União – que pormenorizavam o disciplinamento da intervenção – findou por englobar os pressupostos formais do referido instituto que salvaguarda a federação (art. 12, c/c art. 13, § 4°, parte final, CF 1934).

Nos comentários à Constituição de 1934, Pontes de Miranda assinala: "basta a impontualidade no pagamento de empréstimos garantidos pelo Estado-Membro para que se possa dar a intervenção estadual. Se há falta de pagamento da dívida municipal fundada, seja externa ou interna, também é caso de intervenção estadual. Manda o § 4° que se observe, naquilo em que foram aplicáveis, as normas do art. 12. Quer isso dizer: a intervenção estadual é decretada por lei estadual, que fixará a amplitude e a duração dela, prorrogável por nova lei, e a Assembleia estadual pode eleger o Interventor, ou autorizar o Governador a nomeá-lo. A intervenção estadual só temporariamente afasta do exercício o Prefeito que lhe deu causa e cuja responsabilidade se promoverá (art. 12, § 4°). Compete ao Governador executar a intervenção estadual que foi decretada pelo Poder Legislativo estadual, facultando ao Interventor designado todos os meios de ação que se façam necessários (art. 12, § 6°, *a*). O Governador não pode ampliar ou restringir a intervenção decretada, nem lhe fixar prazo. Só um poder é delegável a ele: o de nomear o Interventor".[127]

Com efeito, essa previsão constitucional significou profundo avanço, pois disciplinou as hipóteses ensejadoras da intervenção estadual nos municípios (pressupostos materiais), bem como aplicava o mesmo procedimento da intervenção federal, havendo previsibilidade e isonomia na normatização (pressupostos formais).

12.4. Constituição de 1937

A Carta de 1937 foi outorgada, sendo fruto do autoritarismo. No documento, foi assegurada relativa autonomia aos Municípios, pois embora reconhecia-lhes a competência para promover a sua organização conforme seu peculiar interesse, o Prefeito era de livre nomeação

[127] MIRANDA, Pontes de. *Comentários à Constituição da República dos E. U. do Brasil*. Tomo I. Rio de Janeiro: Editora Guanabara, 1936, p. 397.

do Governador do Estado, sendo este dependente da confirmação do mandato pelo Presidente da República. Em síntese, no regime imposto, restou vulnerados os preceitos do federalismo e da democracia.

O texto constitucional alterou a distribuição de competências entre os entes federativos, centralizando as matérias ao Chefe do Poder Executivo da União. Por conseguinte, foi reduzida a autonomia dos Estados-Membros e dos Municípios.

Além disso, a Carta de 1937 não previu expressamente a figura da intervenção estadual nos municípios, visto que era atribuição do Governador a livre nomeação do Prefeito municipal, nos termos do art. 27 da CF/1937. Acerca desse tema, Araújo Castro explicitava: "A Constituição de 1934 permitia ao Estado intervir nos Municípios, afim de lhes regularizar as finanças, quando se verificasse impontualidade nos serviços de empréstimos garantidos pelo Estado, ou falta de pagamento de sua dívida fundada, por dois anos consecutivos. A atual Constituição [1937] não cogita de intervenção nos municípios, a qual, aliás, se tronou desnecessária com a faculdade conferida aos governadores para nomearem livremente os prefeitos municipais".[128]

Portanto, ante a centralização do poder na figura do Presidente da República – que controlava a designação dos Governadores de Estado e estes, por sua vez, nomeavam os Prefeitos (art. 176 c/c art. 27, CF de 1937) – restava despicienda a previsão formalística da intervenção estadual nos municípios, porquanto já era exercida – fática e permanentemente – a total ingerência na autonomia das municipalidades.

12.5. Constituição de 1946

Com o retorno da democracia, a Constituição brasileira de 1946 previu novamente a figura da intervenção estadual nos municípios. Tal instituto era destinado a regularizar as finanças em razão de impontualidade no serviço de empréstimo garantido pelo Estado ou caso o município deixasse de pagar sua dívida fundada por dois anos consecutivos (art. 23, I e II).

Assim, em virtude da concessão de autonomia aos Municípios na administração dos assuntos de seu peculiar interesse, fazia-se necessário a existência de um mecanismo de controle, como forma de garantir a observância das regras constitucionais, notadamente o adimplemento dos seus débitos.

---

[128] CASTRO, Araújo. *A Constituição de 1937*. 2ª ed. Rio de Janeiro: Freitas Bastos, 1941, p. 119.

Nos comentários à Constituição, Carlos Maximiliano assinala: "na Constituinte de 1946 predominou zelo ardoroso pelos interesses dos Municípios, em cujo prol timbraram os parlamentares em despojar a União e os Estados. O art. 23, ao contrário do art. 7º, não excetua a dívida interna; portanto, a impontualidade em relação a esta também dá margem a intervir nos Municípios o Estado".[129]

Desse modo, verifica-se que a intervenção estadual se destinava tão somente a promover a regularização das finanças dos municípios, ou seja, evitar que o Estado tivesse que arcar com o compromisso financeiro assumido pelo Município ou para promover o pagamento da dívida fundada que não tenha sido paga por dois anos consecutivos ao ente regional, não havendo novidade no tratamento da matéria.

12.6. Constituição de 1967 e Emenda Constitucional nº 1 de 1969

Semelhantemente às outras, a Constituição de 1967 assegurava expressamente a autonomia municipal, autorizando excepcionalmente a intervenção estadual nos municípios. Eram três as hipóteses ensejadoras, previstas no art. 16, § 3º, a saber: "a) quando se verificar impontualidade no pagamento de empréstimo garantido pelo Estado; b) se deixarem de pagar, por dois anos consecutivos, dívida fundada; c) quando a Administração municipal não prestar contas a que esteja obrigada na forma da lei estadual". Ademais, cabia à Constituição do Estado regular a intervenção estadual nos municípios, observados os requisitos constantes da Constituição Federal: *"A intervenção nos Municípios será regulada na Constituição do Estado,* só podendo ocorrer [...]" – art. 16, § 3º, CF/1967).

Como se pode observar, a Constituição de 1967 inovou no instituto da intervenção estadual nos municípios, pois criou nova hipótese autorizativa, consistente na ausência de prestação de contas municipal, além de atribuir aos Estados-Membros a função de regular a intervenção nas municipalidades. Ou seja, a Constituição aumentou o rol de causas ensejadoras de intervenção estadual (pressupostos materiais), bem como delegou à Constituição dos Estados a disposição normativa do procedimento interventivo (pressupostos formais).

Ademais, a Emenda Constitucional nº 1 de 1969 modificou profundamente a intervenção estadual nos municípios. Isso porque esta-

[129] MAXIMILIANO, Carlos. *Comentários à Constituição Brasileira*. 4ª ed. Rio de Janeiro: Freitas Bastos, 1948, p. 354.

beleceu novas hipóteses ensejadoras, bem como criou a *representação interventiva estadual*. De acordo com o novo dispositivo, foi atribuído ao Tribunal de Justiça do Estado-Membro dar provimento à representação formulada pelo Chefe do Ministério Público local para assegurar a observância dos princípios indicados na Constituição estadual, assim como para prover à execução de lei ou de ordem ou decisão judiciária. A representação interventiva estadual tinha por escopo a proteção dos princípios constitucionais sensíveis no âmbito estadual, conforme previsão na Carta de 1969. O dispositivo constava no art. 15, § 3º, com a seguinte redação:

> § 3º A intervenção nos municípios será regulada na Constituição do Estado, somente podendo ocorrer quando:
>
> a) se verificar impontualidade no pagamento de empréstimo garantido pelo Estado;
>
> b) deixar de ser paga, por dois anos consecutivos, dívida fundada;
>
> c) não forem prestados contas devidas, na forma da lei;
>
> d) o Tribunal de Justiça do Estado der provimento a representação formulada pelo Chefe do Ministério Público local para assegurar a observância dos princípios indicados não Constituição estadual, bem como para prover à execução de lei ou de ordem ou decisão judiciária, limitando-se o decreto do Governador a suspender o ato impugnado, se essa medida bastar ao restabelecimento da normalidade;
>
> e) forem praticados, na administração municipal, atos subversivos ou de corrupção; e
>
> f) não tiver havido aplicado, no ensino primário, em cada ano, de vinte por cento, pelo menos, da receita tributária municipal.

Consoante o magistério de Manoel Gonçalves Ferreira Filho, "uma das formas porque a Constituição garante a autonomia dos Municípios consiste em estabelecer taxativamente os casos em que o Estado federado pode intervir nos mesmos, assumindo-lhes temporária e excepcionalmente o Governo. A Emenda nº 1 alterou a redação, pois o texto primitivo restringia a intervenção ao caso de não serem prestadas as contas, 'na forma da lei *estadual*'. O atual suprimiu o qualificativo estadual, de modo que o descumprimento de normas *federais* sobre prestação de constas dá ao Estado o poder de intervir no Município".[130]

O texto constitucional de 1969 foi o mais amplo no tocante aos pressupostos materiais de intervenção estadual nos municípios, pois previu até mesmo a prática de "atos subversivos" ou de "corrupção"

[130] FERREIRA FILHO, Manoel Gonçalves. *Comentários à Constituição Brasileira* (Emenda Constitucional nº 1, de 17-10-1969, com as alterações introduzidas pelas Emendas Constitucionais até a de nº 22, de 29-06-1982). 4ª ed. São Paulo: Saraiva, 1983, p. 134-136.

na administração municipal como causa deflagradora da interferência do Estado-Membro (art. 15, § 3°, *e*, EC/1969). Sem embargo, afigurava-se bastante aberta a expressão *"atos subversivos"*; afinal, qual o sentido e alcance dessa locução? Por exemplo, manifestação assertiva em praça pública pelos cidadãos contra a administração municipal ou contra os vereadores, constitui fundamento hábil para caracterizar "atos subversivos" e deflagrar a intervenção? Igualmente, a expressão *"atos de corrupção"*, em qual medida e diante de quais provas poder-se-iam comprovar os alegados atos espúrios? Exemplo: dois ou mais atos de corrupção, praticados por servidor público municipal de alto escalão, são suficientes para justificar a decretação da medida?

Diante disso, a previsão de termos jurídicos abertos pode ensejar o mau uso da intervenção estadual, subvertendo-se em instrumento para o cometimento de abuso de poder por parte das autoridades que dispõem da faculdade intromissiva, vulnerando a autonomia municipal.

Assim, na história constitucional brasileira, a Emenda Constituição n° 1, de 1969, apresenta o texto que mais se aproxima da normatização atual acerca da intervenção estadual nos municípios.

13. Constituições de Estados-Membros sobre intervenção

A disciplina da intervenção estadual nos municípios não é prevista por completo pela Carta Magna de 1988, uma vez que os Estados-Membros também podem dispor relativamente sobre o assunto nas suas Constituições. Isso ocorre até em razão da autonomia conferida aos Estados-Membros, de modo a transferir-lhes parte do poder para regular a matéria, característica elementar do federalismo. Para tanto, bastam que sejam observadas as regras constitucionais sobre a intervenção.

Esse compartilhamento no trato da matéria se dá principalmente no que se refere aos Estados-Membros disporem de competência para "indicar os princípios" nas suas Constituições aptos para o manejo da representação interventiva estadual, ou seja, o uso de ação com escopo de assegurar a observância de princípios estaduais no âmbito dos Municípios, conforme dispõe o art. 35, IV, da CF/1988:

> **Art. 35.** *O Estado não intervirá em seus Municípios*, nem a União nos Municípios localizados em Território Federal, *exceto quando*:
>
> [...]
>
> IV – o Tribunal de Justiça der provimento a *representação para assegurar a observância de princípios indicados na Constituição Estadual*, ou para prover a execução de lei, de ordem ou de decisão judicial. (Grifos nossos)

Assim, cabe aos Estados-Membros indicar nas suas Constituições quais os princípios elementares ensejadores da representação interventiva em face dos seus Municípios (art. 35, IV, CF/1988). A despeito de a Constituição da República dispor sobre as hipóteses autorizadoras da intervenção estadual (*pressupostos materiais*), ela não minudencia o seu objeto no que se refere à ofensa aos princípios da Constituição Estadual, já que cabe ao próprio Estado-Membro estabelecer tais preceitos, sendo vedado à União invadir assunto que não lhe compete legislar. Vale dizer, a Constituição Federal definiu as "balizas" da representação interventiva estadual em face dos Municípios (norma geral), mas não tratou especificamente do "conteúdo" da norma (disposição específica e complementar), isto é, não dispôs sobre os preceitos essenciais reputados como tais pelos Estados como justificadores de intervenção nas municipalidades.

Logicamente que a Constituição Estadual deve guardar compatibilidade com a Constituição Federal, sob pena de incorrer em inconstitucionalidade. Sem embargo, o Estado-Membro detém liberdade para indicar os princípios que lhes são fundamentais e que devem ser observados peremptoriamente pelos Municípios, podendo inclusive ser assegurados mediante o uso de representação interventiva, nos termos do art. 35, IV, CF/1988.

Além disso, a Constituição Federal não minudencia os *pressupostos formais* da intervenção estadual nos seus Municípios, de modo que é facultado a cada um dos Estados-Membros dispor sobre o assunto nas suas Constituições ou em outras leis regionais – em razão da sua autonomia como ente político – devendo-se apenas observar as normas básicas relativas ao procedimento interventivo constantes na Carta Magna (art. 36, CF/1988).

Portanto, respeitadas as diretrizes constantes na Lei Maior, os Estados-Membros titularizam parcial autonomia para especificar os *pressupostos materiais* da intervenção (detalhando os princípios estaduais a serem observados pelas municipalidades), bem como para discorrer no tocante aos *pressupostos formais* (ante a não especificação pela Constituição da República), conforme inteligência dos artigos 34, 35 e 36 da CF/1988.

Diante disso, é salutar o exame das Constituições de Estados-Membros representantes das diversas regiões do País, de modo a permitir o conhecimento das disposições regionais, bem como a comparação entre as mesmas.

13.1. Constituição do Estado do Acre

A intervenção do Estado do Acre nos seus Municípios é tratada nos artigos 25 e 26 da Constituição, sendo seis as causas deflagradoras da interferência estadual (pressupostos materiais):[131]

Art. 25. O Estado não intervirá no Município, salvo quando:

I – não forem prestadas contas devidas, na forma da lei;

[131] ACRE. Assembleia Legislativa. *Constituição do Estado do Acre*. Disponível em: <http://www.al.ac.leg.br/wp-content/uploads/2014/10/constitui%C3%A7%C3%A3o_atualizada.pdf>. Acesso em 16-07-2020.

II – deixar de ser paga, sem motivo de força maior, por dois anos consecutivos, a dívida fundada;

III – não tiver sido aplicado o mínimo exigido da receita municipal na manutenção e desenvolvimento do ensino;

IV – se verificar, sem justo motivo, impontualidade no pagamento de empréstimo garantido pelo Estado;

V – forem praticados, na administração municipal, atos de corrupção devidamente comprovados; e

VI – o Tribunal de Justiça do Estado der provimento à representação do procurador-geral da Justiça, para assegurar a observância dos princípios indicados na Constituição do Estado, bem como para prover a execução de lei, ordem ou decisão judicial.

Como se vê, dentre as seis hipóteses interventivas, duas não encontram amparo na Constituição Federal de 1988, representando inovação no âmbito estadual: "IV – *se verificar, sem justo motivo, impontualidade no pagamento de empréstimo garantido pelo Estado*"; "V – *forem praticados, na administração municipal, atos de corrupção devidamente comprovados*". Essas modalidades significam criação de causas instauradoras de interferência estadual ao arrepio da Constituição da República, isto é, são incompatíveis com a Lei Maior. Isso porque as hipóteses autorizadoras de intervenção são regidas, entre outros, pelos princípios da taxatividade e excepcionalidade, de modo que os entes regionais não podem ampliar os pressupostos materiais, sob pena de ferir a autonomia dos Municípios e desequilibrar o federalismo (princípio da imodificabilidade).

Além disso, se fossem referendadas tais inovações, as municipalidades sujeitar-se-iam às mudanças realizadas unilateralmente pelos Estados-Membros, sem a participação dos representantes municipais, visto que a Constituição do Estado é elaborada pelos deputados estaduais na Assembleia Legislativa, não havendo a figura dos vereadores ou da Câmara Municipal. Assim, os Estados-Membros limitam-se às estritas hipóteses interventivas constantes na Constituição da República, que vincula a todos os entes federativos, ou seja: a União, os Estados, o Distrito Federal e os Municípios.

Por sua vez, o art. 26 da Constituição Estadual do Acre dispõe sobre o procedimento interventivo (pressupostos formais), não guardando semelhança com a Carta Magna:

Art. 26. A intervenção em Município dar-se-á por decreto do governador, observado o seguinte procedimento:

I – nas hipóteses dos incisos I a V do artigo anterior, a denúncia será apresentada ao Tribunal de Contas do Estado por autoridade pública ou por qualquer cidadão, para a comprovação da ilegalidade;

II – comprovada a denúncia, o Tribunal de Contas do Estado comunicará o fato ao governador que, em vinte e quatro horas, decretará a intervenção, justificando-a em igual prazo à Assembleia Legislativa que, se estiver em recesso, será convocada extraordinariamente para apreciar o ato; e

III – na hipótese do inciso VI do artigo anterior, recebida a *solicitação do Tribunal de Justiça do Estado*, o governador, se não puder determinar a execução da lei, da ordem ou da decisão judicial, expedirá, em quarenta e oito horas, o decreto de intervenção, comunicando o seu ato à Assembleia Legislativa, no prazo e condições do inciso anterior.

§ 1º O decreto de intervenção nomeará o interventor e especificará o prazo de vigência, não superior a cento e vinte dias, e as condições de execução dos objetos da medida extrema.

§ 2º O interventor deverá prestar contas de sua administração à Câmara Municipal e ao Tribunal de Contas do Estado, sob as mesmas condições estabelecidas para o prefeito municipal.

§ 3º Cessados os motivos da intervenção ou findo o prazo legal, a autoridade afastada reassumirá as suas funções, sem prejuízo da apuração administrativa, civil ou criminal decorrente dos seus atos. (Grifos nossos)

De fato, a Carta Magna não discorre sobre todo o procedimento formalístico da intervenção estadual nos municípios (pressupostos formais), uma vez que trata do disciplinamento da intervenção federal, isto é, a intervenção da União nos Estados federados. Todavia, em decorrência do princípio da simetria, aplicam-se-lhes certas disposições, a exemplo das características do decreto interventivo, a apreciação pelo Poder Legislativo nas causas que a exigem, a temporariedade da intervenção, etc. (art. 36, §§ 1º, 2º, 3º e 4º, da CF de 1988). Naturalmente, os Estados-Membros dispõem de certa autonomia para regular a matéria, corolário da teoria dos poderes implícitos. Nessa esteira, é facultado às unidades regionais incluir outros órgãos no procedimento interventivo na ausência de predeterminação constitucional, a exemplo do Tribunal de Contas (art. 26, I, II, § 2º, CE). Também é salutar a inclusão da obrigatoriedade de o interventor prestar contas de sua administração à Câmara Municipal e ao Tribunal de Contas, visto que, quem administra coisa alheia deve responsabilizar-se pelos atos praticados, sendo ainda expressão do princípio republicano (art. 26, § 2º, CE c/c art. 1º, *caput*, CF de 1988). Nesses casos, em face da inexistência de norma constitucional específica, os Estados possuem independência para decidir a respeito, incidindo a liberdade de conformação de legislador estadual.

Sem embargo, é importante observar as disposições da Constituição da República quando houver determinação expressa, não podendo divergir, sob pena de ofensa à Lei Maior. Exemplificadamente, a Constituição Federal dispensa a apreciação pela Assembleia Legislativa quando a intervenção decorrer de requisição do STF, STJ ou TSE no caso de desobediência à ordem ou decisão judicial (arts. 35, IV, parte final, c/c 36, II, § 3º, CF de 1988). Assim, é incompatível com a Lei Fundamental norma de Estado-Membro que finde por transmudar a intervenção por *requisição* pela intervenção por *solicitação* na hipótese de prover a execução de lei, ordem ou decisão judicial; bem como comunicar o referido ato ao Poder Legislativo quando a própria Lei Maior a dispensa (art. 25, VI, c/c art. 26, III, CE).

Com efeito, é importante o equilíbrio na interpretação das normas consubstanciadas na Constituição Federal pelos Estados-Membros no tocante à garantia de auto-organização que lhes foi atribuída (manifestada principalmente por meio da sua Constituição Estadual), de modo a salvaguardar o federalismo e, sobretudo, a compatibilidade com a Carta Magna de 1988.

13.2. Constituição do Estado do Amazonas

A intervenção do Estado do Amazonas nos seus Municípios é prevista nos artigos 128 e 129 da Constituição, sendo quatro as causas deflagradoras da interferência estadual (pressupostos materiais). Destaca-se a intervenção por provimento para assegurar a observância dos princípios estabelecidos para a administração pública constantes na Constituição do referido Estado-Membro:[132]

Art. 128. O Estado não intervirá nos Municípios, salvo quando:

I – deixar de ser paga, sem motivo de força maior, por dois anos consecutivos, a dívida fundada;

II – não forem prestadas contas devidas, na forma da lei;

III – não tiver sido aplicado o mínimo exigido da receita municipal na manutenção e desenvolvimento do ensino e nas ações e serviços públicos de saúde; (Redação dada pela EC n. 50, de 04.01.2005)

IV – o Tribunal de Justiça der provimento a representação do Ministério Público para prover a execução de lei, de ordem ou de decisão judicial e, ainda, para assegurar a observância dos princípios enumerados na Constituição da República e os estabelecidos para a administração pública, nesta Constituição.

Os pressupostos formais da intervenção estadual nos Municípios constam no art. 129. Sobreleva em importância a legitimidade conferida a qualquer cidadão para denunciar ao Governador do Estado o inadimplemento da dívida fundada, a ausência de regular prestação de

[132] AMAZONAS. *Constituição do Estado do Amazonas*. Poder Legislativo. Disponível em: http://www.ale.am.gov.br/wp-content/uploads/2020/12/Constituicao-05.pdf>. Acesso em 17-07-2021.

contas e a não aplicação do mínimo exigido da receita municipal nos serviços de ensino e saúde (art. 128, I, II e III, c/c 129, I, CE):

Art. 129. A intervenção em Municípios se dará por decreto do Governador, observado o seguinte procedimento:

I – nas hipóteses dos itens I a III, do artigo anterior, a denúncia será apresentada ao Governador do Estado por autoridade pública ou por qualquer cidadão;

II – comprovada a denúncia, o Governador decretará a intervenção e submeterá o decreto, com a respectiva justificativa, dentro de vinte e quatro horas, à Assembleia Legislativa que, se estiver em recesso, será para tal fim convocada, comunicando o fato à Câmara Municipal;

III – o decreto de intervenção, que nomeará o interventor, especificará o prazo de vigência e os limites da medida;

IV – na hipótese do inciso IV, do artigo anterior, recebida a *solicitação do Tribunal de Justiça*, o Governador, se não puder determinar a execução da lei, de ordem ou de decisão judicial, expedirá o decreto de intervenção, comunicando o seu ato à Assembleia Legislativa.

§ 1° O interventor substituirá o Prefeito e administrará o Município durante o período de intervenção, visando ao restabelecimento da normalidade.

§ 2° O interventor prestará contas à Assembleia Legislativa por intermédio do Governador, devendo o Tribunal de Contas do Estado emitir parecer sobre a matéria. (Redação dada pela EC n. 15, de 16.03.1995)

§ 3° Cessados os motivos da intervenção, as autoridades Municipais afastadas de suas funções a elas retornarão, quando for o caso, sem prejuízo da responsabilidade administrativa, civil e criminal decorrente de seus atos.

§ 4° A intervenção não implica sub-rogação do Estado nos direitos e obrigações do Município, mas o Estado responderá pelos danos resultantes de manifesto abuso de poder praticado pelo interventor, contra quem terá ação regressiva.

§ 5° A Assembleia Legislativa poderá, a qualquer tempo, suspender a intervenção, desde que tenham cessado os motivos que a determinaram, ouvido previamente o órgão que tenha tomado a iniciativa de sua decretação. (Grifos nossos)

A despeito da inovação que robustece o princípio da cidadania (art. 1°, II, CF/1988), o procedimento interventivo inova ao transmudar a intervenção por *requisição* pela intervenção por *solicitação* na hipótese de prover a execução de lei, ordem ou decisão judicial, bem como ao prever comunicar à Assembleia Legislativa a intervenção para prover a execução de lei, ordem, decisão judicial ou para assegurar a observância dos princípios constitucionais sensíveis (art. 128, IV, c/c art. 129, IV, da CE), quando a própria Constituição da República a dispensa (art. 36, § 3°, CF/1988).

Também constitui novidade a impositividade de o Interventor substituir o Prefeito na administração do Município durante o período interventivo (art. 129, § 1º, CE), haja vista que a intervenção não necessariamente requer tal providência, como também pode ser parcial, ou seja, destinar-se a reestabelecer áreas ou setores específicos da administração local sem a necessidade de assunção do cargo de Prefeito, a exemplo da intervenção para prover a execução de ordem ou decisão judicial (art. 128, IV, CE).

Finalmente, a Constituição do Amazonas contém importante novidade acerca do instituto da intervenção estadual, consistente na responsabilidade do Estado-Membro por danos resultantes de manifesto abuso de poder praticado pelo interventor, contra quem terá ação regressiva (art. 129, § 4º, CE). Além disso, prevê-se expressamente o poder de a Assembleia Legislativa suspender, a qualquer tempo, a intervenção no Município, caso entenda pela cessação dos motivos que determinaram a decretação da medida (art. 129, § 5º, CE).

13.3. Constituição do Estado de Alagoas

A intervenção do Estado de Alagoas nos seus Municípios é tratada nos artigos 37 a 40 da Constituição, sendo quatro as causas deflagradoras da interferência estadual (pressupostos materiais):[133]

Art. 37. O Estado não intervirá nos Municípios, exceto quando:

I – deixar de ser paga, sem motivo de força maior, por dois anos consecutivos, a dívida fundada;

II – não forem prestadas as contas devidas, na forma da lei;

III – não tiver sido aplicado o mínimo exigido da receita municipal na manutenção e no desenvolvimento do ensino;

IV – o Tribunal de Justiça der provimento a representação para garantir a observância de princípios indicados nesta Constituição, ou para assegurar a execução de lei, de ordem ou de decisão judicial.

Parágrafo único. No caso do inciso IV deste artigo, dispensada a apreciação pela Assembleia Legislativa, o decreto limitar-se-á a suspender a execução do ato impugnado, se essa medida bastar ao restabelecimento da normalidade.

Os pressupostos formais da intervenção estadual nos Municípios são disciplinados especificamente nos artigos 38 e 39. Na Constituição alagoana, inovou-se no tocante às autoridades competentes para instaurar a requisição interventiva, nomeadamente o Poder Legislativo

[133] ALAGOAS. *Constituição do Estado de Alagoas*. Gabinete Civil. Disponível em: <https://sapl.al.al.leg.br/media/sapl/public/normajuridica/1989/2/2_texto_integral.pdf>. Acesso em 17-07-2021.

Municipal e o Tribunal de Contas do Estado-Membro, quando houver inadimplemento duradouro da dívida fundada, não prestação de contas ou não aplicação mínima da receita tributária municipal nos serviços de ensino:

Art. 38. A decretação da intervenção dependerá de requisição:

I – da Câmara Municipal ou do Tribunal de Contas o Estado, nos casos dos incisos I a III do art. 37;

II – do Tribunal de Justiça, no caso do inciso IV do art. 37.

Art. 39. O decreto de intervenção, obrigatoriamente, conterá:

I – a indicação das causas que motivaram a ação interventiva, bem como da hipótese constitucional que legitima a medida concreta;

II – a fixação do prazo de duração da medida excepcional, que em nenhum caso poderá ser superior a noventa dias;

III – a determinação dos limites da ação interventiva, considerada a natureza das irregularidades administrativas que justificarem as providências, e a indicação dos órgãos da administração municipal em que foram verificadas;

IV – a nomeação do interventor, cuja permanência no desempenho da função fica condicionada a confirmação pela Assembleia Legislativa Estadual;

V – a obrigatoriedade da apresentação, pelo interventor, de relatórios mensais à Assembleia Legislativa, ao Governador do Estado e ao Tribunal de Contas, nos quais exporá circunstanciadamente todas as atividades desenvolvidas no mês anterior, sem prejuízo do relatório final que deverá ser remetido aos órgãos de que trata este inciso, até dez dias após o prazo de duração da medida interventiva.

§ 1º Expedido o decreto que determinar a intervenção, será ele remetido, dentro do prazo de vinte e quatro horas, a contar da data de sua publicação, à Assembleia Legislativa Estadual, que, após apreciá-lo, manterá ou suspenderá a medida excepcional.

§ 2º Na hipótese de não estar a Assembleia Legislativa funcionando, far-se-á a convocação extraordinária no mesmo prazo previsto no parágrafo anterior.

§ 3º O decreto do Poder Executivo que prorrogar a duração da medida interventiva será submetido à Assembleia Legislativa Estadual, observadas as mesmas condições, inadmissível, em qualquer hipótese, a extrapolação do limite máximo estabelecido no inciso II.

Art. 40. Cessados os motivos da intervenção, as autoridades afastadas de seus cargos a estes voltarão, salvo impedimento legal.

Como se vê, o decreto interventivo deve seguir regras objetivas, que promovem a justificação racional da ação interventiva (art. 39, I, CE); preestabelecimento do prazo de duração da medida, sendo o máximo de noventa dias (art. 39, II, CE); predeterminação dos limites da intervenção estadual, de acordo com as peculiaridades do caso (art. 39, III, CE); a obrigatoriedade de nomeação de interventor, que dependerá da concordância pelo Poder Legislativo Estadual (art. 39, IV, CE); a obrigatoriedade de apresentação mensal das atividades desempenhadas durante a intervenção (art. 39, V, CE); etc.

Por último, como forma de respeitar o caráter transitório da intervenção, faculta-se a prorrogação da medida interventiva estadual nas municipalidades pelo prazo máximo de noventa dias, sujeito ainda à aprovação pela Assembleia Legislativa do referido Estado-Membro (art. 39, § 3º, CE).

13.4. Constituição do Estado de Pernambuco

A intervenção do Estado de Pernambuco nos seus Municípios é regulada no artigo 91 da Constituição, sendo quatro as causas básicas deflagradoras da interferência estadual (pressupostos materiais):[134]

Art. 91. O Estado não intervirá em seus Municípios, exceto quando:

I – deixar de ser paga, sem motivo de força maior, por dois anos consecutivos, a dívida fundada;

II – não forem prestadas contas devidas, na forma da lei;

III – não tiver sido aplicado o mínimo exigido da receita municipal na manutenção e desenvolvimento do ensino;

IV – o Tribunal de Justiça der provimento à representação para assegurar a execução de lei ou ato normativo, de ordem ou de decisão judicial, bem como a observância dos seguintes princípios:

a) forma republicana, representativa e democrática;

b) direitos fundamentais da pessoa humana;

c) autonomia municipal;

d) prestação de contas da administração pública, direta, indireta ou fundacional;

e) o livre exercício, a independência e a harmonia entre o Executivo e o Legislativo;

f) forma de investidura nos cargos eletivos;

g) respeito às regras de proibições de incompatibilidades e perda de mandato, fixadas para o exercício dos cargos de Prefeito, Vice-Prefeito e Vereador;

h) obediência à disciplina constitucional legal de remuneração de cargos públicos, inclusive eletivos e políticos;

i) proibição do subvencionamento de viagens de Vereadores, exceto no desempenho de missão autorizada, representando a Câmara Municipal;

j) proibição de realização de mais de uma reunião remunerada da Câmara Municipal, por dia;

---

[134] PERNAMBUCO. *Constituição do Estado de Pernambuco*. Assembleia Legislativa. Disponível em: <http://legis.alepe.pe.gov.br/arquivoTexto.aspx?tiponorma=12&numero=1989&complemento=0&ano=1989&tipo>. Acesso em 17-07-2021.

l) mandato de dois anos dos membros da Mesa da Câmara Municipal, vedada a recondução para o mesmo cargo na eleição imediatamente subsequente;

m) submissão às normas constitucionais e legais de elaboração e execução das leis do plano plurianual, das diretrizes orçamentárias anuais e do orçamento, bem como de fiscalização financeira, contábil e orçamentária;

n) conformidade com os critérios constitucionais e legais para emissão de títulos da dívida pública;

o) adoção de medidas ou execução de planos econômicos ou financeiros com as diretrizes estabelecidas em lei complementar estadual;

p) cumprimento das regras constitucionais e legais relativas a pessoal;

q) obediência à legislação federal ou estadual;

V – (Declarado inconstitucional por Decisão do STF, proferida na ADI-2917, na Sessão Virtual de 20/3/2020 a 26/3/2020, publicada no dia 15/4/2020 no DJE.)

Como se vê, na hipótese de assegurar a observância dos princípios constitucionais sensíveis indicados na Constituição do Estado-Membro (art. 91, inciso IV, CE c/c art. 35, IV, CF de 1988), existem 16 (dezesseis) postulados a serem observados pelas municipalidades, elencados da alínea "a" até a alínea "q" na Constituição do Estado de Pernambuco. Desse modo, a intervenção estadual na esfera de competência dos seus Municípios é peculiar, ante a previsão de inúmeros preceitos autorizantes.

Os pressupostos formais da intervenção do Estado-Membro nos Municípios são disciplinados nos §§ 1° ao 7° da Constituição Estadual, havendo atuação conjunta dos Poderes Executivo e Legislativo na intervenção fundada no inadimplemento da dívida fundada, na ausência de regular prestação de contas ou ante a não aplicação do mínimo da receita municipal no ensino (art. 91, I, II, III, § 1°, CE):

---

§ 1° Comprovado o fato ou conduta previstos nos incisos I, II, III e V deste artigo, o Governador decretará a intervenção e submeterá o decreto, com a respectiva justificação, dentro do prazo de vinte e quatro horas, à apreciação da Assembleia Legislativa, que, se estiver em recesso, será para tal fim convocada extraordinariamente dentro do mesmo prazo.

§ 2° No caso do inciso IV deste artigo, o Governador decretará a intervenção mediante *solicitação do Tribunal de Justiça*, limitando-se o decreto a suspender a execução do ato impugnado, se essa medida bastar ao restabelecimento da normalidade.

§ 3° O decreto de intervenção especificará amplitude, prazo e condições de execução e, se couber, nomeará o Interventor.

§ 4° O Interventor, durante o período de intervenção, substituirá o Prefeito e administrará o Município visando a restabelecer a normalidade.

§ 5° O Interventor prestará contas à Assembleia Legislativa por intermédio do Governador.

§ 6º Cessados os motivos que a determinaram ou decorrido o prazo fixado para a intervenção, as autoridades municipais afastadas de seus cargos a eles voltarão, salvo impedimento legal, sem prejuízo da apuração administrativa, civil ou criminal decorrente de seus atos.

§ 7º O Tribunal de Contas emitirá parecer prévio sobre as contas do Interventor que só deixará de prevalecer por decisão de dois terços dos membros da Assembleia Legislativa, em votação secreta. (Grifos nossos)

Assente-se que o procedimento estabelecido na Constituição do Estado de Pernambuco modificou a sistemática prevista na Constituição da República, porquanto substituiu a intervenção por *requisição* do Poder Judiciário por intervenção mediante *solicitação* do Tribunal de Justiça, quando a medida tiver por objetivo assegurar a execução de lei, ato normativo, ordem ou decisão judicial; bem como a observância dos princípios constitucionais sensíveis (art. 91, IV, § 2º, CE c/c art. 36, II, III, CF de 1988). Tal alteração nos vocábulos não é recomendável, uma vez que diverge da formalidade estabelecida pela Constituição Federal, como forma de evitar que a decisão do Poder Judiciário se subverta em mero pedido de "solicitação", ao invés de "requisição" – que ostenta caráter obrigatório, por se tratar de cumprimento de dever legal.

Constitui novidade a impositividade de o Interventor substituir o Prefeito na administração do Município durante o período interventivo (art. 91, § 4º, CE), haja vista que a intervenção não necessariamente requer tal providência, como também pode ser parcial, ou seja, destinar-se a restabelecer áreas ou setores específicos da administração local sem a necessidade de assunção do cargo de Prefeito, a exemplo da intervenção para prover a execução de ordem ou decisão judicial (art. 91, IV, CE).

Por fim, afigura-se útil a obrigação de o Interventor prestar contas da sua intervenção perante a Assembleia Legislativa, cuja avaliação basear-se-á no parecer prévio elaborado pelo Tribunal de Contas, de modo a respeitar o princípio republicano da responsabilidade na gestão da coisa pública.

13.5. Constituição do Estado de Goiás

A intervenção do Estado de Goiás nos seus Municípios é regulada no artigo 61 da respectiva Constituição, sendo quatro as causas deflagradoras da interferência estadual (pressupostos materiais):[135]

---

[135] GOIÁS. *Constituição do Estado de Goiás*. Assembleia Legislativa. Disponível em: <https://legisla.casacivil.go.gov.br/pesquisa_legislacao/103152/constituicao-estadual>. Acesso em 17-07-2021.

Art. 61. O Estado não intervirá nos Municípios, exceto quando:

I – não havendo motivo de força maior, deixar de ser paga, por dois anos consecutivos, dívida fundada;

II – não forem prestadas contas devidas, na forma da lei;

III – não tiver sido aplicado o mínimo exigido da receita municipal na manutenção e desenvolvimento do ensino e nas ações e serviços públicos de saúde;

IV – o Tribunal de Justiça der provimento a representação para a execução de lei, ordem ou decisão judicial, ou para assegurar a observância dos seguintes princípios constitucionais:

a) forma republicana, sistema representativo e regime democrático;

b) direitos da pessoa humana;

c) autonomia municipal;

d) prestação de contas da administração pública, direta e indireta.

As hipóteses interventivas assemelham-se às disposições da Constituição Federal de 1988, inclusive relativamente aos princípios constitucionais sensíveis (art. 61, IV, *a*, *b*, *c* e *d*, CE). Os pressupostos formais da intervenção constam nos §§ 1° ao 4°, conforme transcrição abaixo:

§ 1° A decretação da intervenção dependerá:

I – de representação da Câmara Municipal competente, nos casos dos incisos I, II e III do *caput* deste artigo;

II – de requisição do Tribunal de Justiça, no caso de desobediência à ordem ou decisão judicial;

III – de provimento, pelo Tribunal de Justiça, de representação do Procurador-Geral de Justiça para assegurar a observância dos princípios especificados nas alíneas do inciso IV do *caput* deste artigo e no caso de recusa à execução de lei.

§ 2° O decreto de intervenção especificará a amplitude, o prazo e as condições de execução e, se couber, nomeará o interventor e, no prazo de vinte e quatro horas, será submetido à apreciação da Assembleia Legislativa, que, se não estiver funcionando, será convocada extraordinariamente pelo seu Presidente no mesmo prazo.

§ 3° No caso do inciso IV do "*caput*", dispensada a apreciação pela Assembleia, o decreto limitar-se-á a suspender a execução do ato impugnado, se essa medida bastar ao restabelecimento da normalidade.

§ 4° Cessados os motivos da intervenção, as autoridades afastadas de seus cargos a esses voltarão, salvo impedimento legal.

Por fim, acerca do procedimento interventivo, destaca-se a competência da Câmara Municipal representar pela decretação de intervenção quando se basear no inadimplemento da dívida fundada, a ausência de regular prestação de contas ou a não aplicação do mínimo exigido da receita municipal nos serviços de ensino e saúde (art. 61, I, II, III, § 1º, I, CE).

13.6. Constituição do Estado de Mato Grosso do Sul

A intervenção do Estado de Mato Grosso do Sul nos seus Municípios é regulada nos artigos 11 e 12 da Constituição, sendo quatro as causas básicas deflagradoras da interferência estadual (pressupostos materiais), guardando similitude com a Constituição da República:[136]

Art. 11. O Estado não intervirá nos Municípios, salvo quando:

I – deixar de ser paga, sem motivo de força maior, por dois anos consecutivos, a dívida fundada;

II – não forem prestadas contas nos termos da lei;

III – não tiver sido aplicado o mínimo exigido da receita municipal na manutenção e no desenvolvimento do ensino;

IV – o Tribunal de Justiça der provimento a representação para assegurar a observância de princípios indicados nesta Constituição ou para prover a execução de lei, de ordem ou de decisão judicial.

Os pressupostos formais da intervenção estadual nos municípios constam no art. 12 da Constituição, destacando-se a inovação técnica deflagradora da medida interventiva. Isso porque quando a intervenção se justificar em razão do inadimplemento da dívida fundada, da prestação inadequada das contas ou da não aplicação do mínimo da receita municipal no ensino, será necessária prévia representação do Tribunal de Contas do Estado (art. 11, I, II e III, c/c art. 12, I, CE). Tal previsão é sobremodo evolucionista, visto que despolitiza o instituto da intervenção estadual nos seus municípios, ou seja, afasta os critérios puramente políticos para intervir na esfera de competência de outro ente federado, enaltecendo-se valores objetivos e impessoais:

Art. 12. A intervenção no Município dar-se-á por decreto do Governador:

I – mediante representação do Tribunal de Contas do Estado, nos casos dos incisos I, II e III do art. 11;

II – mediante requisição do Tribunal de Justiça, no caso do inciso IV do art. 11.

---

[136] MATO GROSSO DO SUL. *Constituição do Estado de Mato Grosso do Sul*. Controladoria-Geral do Estado (CGE). Acesso em 18-07-2021. Disponível em: http://aacpdappls.net.ms.gov.br/appls/legislacao/secoge/govato.nsf/0a67c456bc566b8a04257e590063f1fd/dfde24a4767ddcbf04257e4b006c0233?OpenDocument

§ 1º O decreto de intervenção, que especificará a amplitude, o prazo e as condições de execução e que, se couber, nomeará interventor, será submetido, no prazo de vinte e quatro horas, à apreciação da Assembleia Legislativa, a qual, se não estiver reunida, será convocada extraordinariamente, no mesmo prazo.

§ 2º No caso do inciso IV do art. 11, dispensada a apreciação da Assembleia Legislativa, o decreto limitar-se-á a suspender a execução do ato impugnado, se essa medida bastar ao restabelecimento da normalidade.

§ 3º Cessados os motivos da intervenção, as autoridades afastadas de seus cargos a estes voltarão, salvo impedimento legal, sem prejuízo da apuração administrativa, civil ou criminal, decorrente de seus atos.

§ 4º O interventor prestará contas de seus atos ao Governador do Estado e aos órgãos de fiscalização a que estão sujeitas as autoridades afastadas.

Sendo realizada a intervenção, o decreto deve especificar a abrangência, o tempo e o modo de execução das medidas e, caso necessário, a nomeação do interventor, estando sujeito à aprovação pelo Poder Legislativo Estadual (art. 12, § 1º, CE). Quando se tratar de medida interventiva para assegurar a observância de princípios indicados na Constituição Estadual ou para prover a execução de lei, ordem ou decisão judicial, é dispensada a apreciação pela Assembleia Legislativa (art. 11, IV, c/c art. 12, § 2º, CE).

Por último, caso seja nomeado interventor, este deverá prestar contas dos atos praticados na intervenção ao Governador do Estado e aos órgãos de fiscalização (art. 12, § 4º, CE).

13.7. Constituição do Estado do Rio de Janeiro

No Estado do Rio de Janeiro, a intervenção estadual em seus Municípios é regulada nos artigos 355 e 356 da respectiva Constituição, sendo quatro as causas deflagradoras da interferência estadual (pressupostos materiais):[137]

Art. 355. O Estado não intervirá nos Municípios, exceto quando:

I – deixar de ser paga, sem motivo de força maior, por 2 (dois) anos consecutivos, a dívida fundada;

II – não forem prestadas contas devidas, na forma da lei;

III – não tiver sido aplicado o mínimo exigido da receita municipal na manutenção e desenvolvimento do ensino e nas ações e serviços públicos de saúde;(NR)

[137] RIO DE JANEIRO. *Constituição do Estado do Rio de Janeiro*. Assembleia Legislativa. Acesso em 17-07-2021. Disponível em: http://alerjln1.alerj.rj.gov.br/constest.nsf/PageConsEst?OpenPage

IV – o Tribunal de Justiça der provimento a representação, para assegurar a observância de princípios desta Constituição, ou para prover a execução de lei, de ordem ou de decisão judicial.

Parágrafo único – O não pagamento da dívida fundada, referido no inciso I, não ensejará a intervenção quando o inadimplemento esteja vinculado a gestão anterior, conforme for apurado em auditoria que o Prefeito solicitará ao Tribunal de Contas do Estado, dentro de noventa dias após sua investidura na Chefia do Executivo Municipal.

De uma forma ampla, as quatro hipóteses assemelham-se ao previsto na Constituição Federal. Todavia, merece registro a previsão do afastamento da deflagração de medida interventiva ante o inadimplemento da dívida fundada se o indébito estiver vinculado à gestão anterior (art. 355, parágrafo único, CE). Em um primeiro momento, tal inovação é justificável, visto que o gestor atual não pode ser punido com a intervenção no seu Município por má administração praticada por gestor anterior. A despeito disso, as hipóteses interventivas são estabelecidas pela Constituição da República, não havendo, na Lei Fundamental, ressalva que não seja a alegada "força maior". Assim, em que pese a razoabilidade da norma isentiva contida no parágrafo único do art. 355 da Constituição do Estado do Rio de Janeiro, tal disposição é incompatível com a Constituição Federal de 1988.

Por sua vez, os pressupostos formais da decretação de intervenção estadual nos municípios do Rio de Janeiro constam no art. 356 da Constituição Estadual, sobressaindo a legitimidade para suscitar a medida a iniciativa qualificada de dois terços dos vereadores, conforme transcrição a seguir:

Art. 356. A decretação da intervenção observará os seguintes requisitos:

I – comprovado o fato ou a conduta prevista nos incisos I a IV do artigo 35 da Constituição da República, de ofício ou mediante representação do interessado, inclusive por intermédio da provocação de dois terços, no mínimo, dos membros da Câmara Municipal, o Governador decretará a intervenção e submeterá o decreto, com a respectiva justificativa, dentro de 24 horas, à apreciação da Assembleia Legislativa que, se estiver em recesso, será para tal fim convocada;

II – o decreto de intervenção especificará a amplitude, o prazo e as condições de execução e, se couber, nomeará o interventor;

III – quando não couber a nomeação do interventor, assumirá o Vice-Prefeito, ou, caso este tenha sido afastado juntamente com o Prefeito, o Presidente da Câmara Municipal;

IV – o interventor prestará contas de seus atos ao Governador e a Câmara Municipal;

V – cessados os motivos da intervenção, as autoridades municipais afastadas de suas funções a elas retornarão, quando for o caso, sem prejuízo da apuração da responsabilidade civil ou criminal decorrente de seus atos;

VI – no caso do inciso IV do artigo 35 da Constituição da República a decretação de intervenção dependerá de requisição do Tribunal de Justiça, e o decreto limitar-se-á a suspender a execução do ato impugnado, se essa medida bastar para o restabelecimento da normalidade.

Registre-se também a inovação relativamente à figura do interventor, prevendo-se categoricamente que, quando não houver necessidade de nomear a referida autoridade, assumirá a gestão do Município o Vice-Prefeito ou o Presidente da Câmara de Vereadores. Essa disposição reitera o caráter excepcionalíssimo da interferência do Estado-Membro na autonomia das municipalidades, respeitando-se ainda a ordem constitucional de substituição das autoridades no Poder Executivo local, ou seja, salvaguarda-se o poder de autoadministração conferido aos Municípios (art. 356, III, CE).

Finalmente, caso seja nomeado interventor, este deverá prestar contas de seus atos ao Governador do Estado e ao Poder Legislativo municipal (art. 356, IV, CE). Previu-se também, não havendo impedimento legal, o retorno das autoridades afastadas ao término da intervenção, sem prejuízo da responsabilidade civil e criminal por eventuais ilícitos cometidos na gestão do Município (art. 356, V, CE).

13.8. Constituição do Estado do Rio Grande do Sul

No Estado do Rio Grande do Sul, a intervenção estadual em seus Municípios é regulada no artigo 15 da Constituição, sendo quatro as causas deflagradoras da interferência estadual (pressupostos materiais):[138]

Art. 15. O Estado não intervirá nos Municípios, exceto quando:

I – deixar de ser paga, sem motivo de força maior, por dois anos consecutivos, a dívida fundada;

II – não forem prestadas contas na forma da lei;

III – não tiver sido aplicado o mínimo exigido da receita municipal na manutenção e desenvolvimento do ensino;

[138] RIO GRANDE DO SUL. *Constituição do Estado do Rio Grande do Sul*. Assembleia Legislativa. Disponível em: <http://www2.al.rs.gov.br/dal/LinkClick.aspx?fileticket=9p-X_3esaNg%3d&tabid=3683&mid=5358>. Acesso em 17-07-2021.

IV – o Tribunal de Justiça der provimento a representação para prover a execução de lei, de ordem ou decisão judicial, e para assegurar a observância dos seguintes princípios:

a) forma republicana, sistema representativo e regime democrático;

b) direitos da pessoa humana;

c) probidade administrativa.

As hipóteses interventivas guardam paralelo com o disposto na Constituição Federal de 1988, inclusive no tocante à observância dos princípios constitucionais sensíveis (art. 15, I, II, III e IV, CE c/c arts. 34, VII, e 35, CF de 1988). Ressalte-se a "probidade administrativa" como postulado a ser observado pelos Municípios, sendo extremamente benéfico, visto que permite a intervenção para restaurar a ética na administração da municipalidade, em plena conformidade com a exigência de atuação proba pelos responsáveis da gestão na coisa pública (art. 37, § 4º, CF de 1988).

Os pressupostos formais da decretação da intervenção estadual nos municípios constam no § 1º do art. 15 da Constituição do Rio Grande do Sul. Saliente-se a atribuição de legitimidade para suscitar a intervenção a iniciativa qualificada de dois terços da Poder Legislativo municipal ou do Tribunal de Contas do Estado, no caso de inadimplemento da dívida fundada, a ausência de regular prestação de contas ou a não aplicação do mínimo da receita municipal no ensino (art. 15, § 1º, *a*, c/c art. 15, I, II e III, CE):

---

§ 1º A intervenção no Município dar-se-á por decreto do Governador:

a) de ofício, ou mediante representação de dois terços da Câmara Municipal, ou do Tribunal de Contas do Estado, nos casos dos incisos I, II e III;

b) mediante requisição do Tribunal de Justiça, no caso do inciso IV.

§ 2º O decreto de intervenção, que especificará a amplitude, o prazo e as condições de execução e, se couber, nomeará interventor, será submetido, no prazo de vinte e quatro horas, à apreciação da Assembleia Legislativa, a qual, se não estiver reunida, será convocada extraordinariamente, no mesmo prazo.

§ 3º No caso do inciso IV, dispensada a apreciação da Assembleia Legislativa, o decreto limitar-se-á a suspender a execução do ato impugnado, se esta medida bastar ao restabelecimento da normalidade.

§ 4º Cessados os motivos da intervenção, as autoridades afastadas de seus cargos a estes voltarão, salvo impedimento legal.

Finalmente, a Constituição Estadual prevê o disciplinamento da decretação de intervenção nos moldes estabelecidos pela Constituição da República, notadamente a especificação da amplitude, do prazo e das condições de execução da medida no decreto interventivo, bem como a sua submissão à Assembleia Legislativa do Estado (art. 15, § 2º, CE). Ademais, considerando a temporariedade da medida interventiva, assegura-se o retorno das autoridades afastadas ao cargo anteriormente investido, ressalvado impedimento legal (art. 15, § 4º, CE).

14. Jurisprudência

14.1. Supremo Tribunal Federal (STF)

⇒ "Não cabe recurso extraordinário contra acórdão de Tribunal de Justiça que defere pedido de intervenção estadual em Município". (Súmula 637 – STF)

⇒ "As disposições do art. 35 da Constituição do Brasil/1988 também consubstanciam preceitos de observância compulsória por parte dos Estados-Membros, sendo inconstitucionais quaisquer ampliações ou restrições às hipóteses de intervenção". (ADI 336, voto do rel. min. Eros Grau, j. 10-2-2010, P, DJE de 17-9-2010)

⇒ "É inconstitucional a atribuição conferida, pela Constituição do Pará, art. 85, I, ao Tribunal de Contas dos Municípios, para requerer ao governador do Estado a intervenção em Município. Caso em que o Tribunal de Contas age como auxiliar do Legislativo Municipal, a este cabendo formular a representação, se não rejeitar, por decisão de dois terços dos seus membros, o parecer prévio emitido pelo Tribunal (CF, art. 31, § 2º)". (ADI 2.631, rel. min. Carlos Velloso, j. 29-8-2002, P, DJ de 8-8-2003)

⇒ "Constituição do Estado do Maranhão. (...). Decretação da intervenção do Estado em Município, proposta pelo tribunal de contas (...). A tomada de contas do prefeito municipal, objeto principal do controle externo, é exercido pela câmara municipal com o auxílio do tribunal de contas, órgão a que cumpre emitir parecer prévio, no qual serão apontadas eventuais irregularidades encontradas e indicadas as providências de ordem corretiva consideradas aplicáveis ao caso pela referida casa legislativa, entre as quais a intervenção. Tratando-se, nessa última hipótese, de medida que implica séria interferência na autonomia municipal e grave restrição ao exercício do mandato do prefeito, não pode ser aplicada sem rigorosa observância do princípio do *due process of law*, razão pela qual o parecer opinativo do tribunal de contas será precedido de interpelação do prefeito, cabendo à câmara de vereadores apreciá-lo e, se for o caso, representar ao governador do Estado pela efetivação da medida interventiva". (ADI 614 MC, rel. min. Ilmar Galvão, j. 14-10-1992, P, DJ de 18-5-2001)

⇒ "Intervenção estadual em Município. Súmula 637 do STF. De acordo com a jurisprudência deste Tribunal, a decisão de tribunal de justiça que determina a intervenção estadual em Município tem natureza político-administrativa, não ensejando, assim, o cabimento do recurso extraordinário" (AI 597.466 AgR, rel. min. Joaquim Barbosa, j. 27-11-2007, 2ª T, DJE de 1º-2-2008)

⇒ "Os Municípios situados no âmbito dos Estados-Membros não se expõem à possibilidade constitucional de sofrerem intervenção decretada pela União Federal, eis que, relativamente a esses entes municipais, a única pessoa política ativamente legitimada a neles intervir é o Estado-Membro. (...) Por isso mesmo, no sistema constitucional brasileiro, falece legitimidade ativa à União Federal para intervir em quaisquer Municípios, ressalvados, unicamente, os Municípios 'localizados em Território Federal...' (CF, art. 35, *caput*)". (IF 590 QO, rel. min. Celso de Mello, j. 17-9-1998, P, DJ de 9-10-1998)

⇒ "Intervenção estadual no Município por suspensão da dívida fundada (CF, art. 35, I): impugnação a norma constitucional local, que exclui a intervenção, 'quando o inadimplemento esteja vinculado a gestão anterior' (Constituição do Estado do Rio de Janeiro, art. 352, parágrafo único): suspensão liminar concedida". (ADI 558 MC, rel. min. Sepúlveda Pertence, j. 16-8-1991, P, DJ de 26-3-1993)

⇒ "A Constituição da República não quer apenas que a entidade estatal pague os seus débitos judiciais. Mais do que isso, a Lei Fundamental exige que o poder público, ao solver a sua obrigação, respeite a ordem de precedência cronológica em que se situam os credores do Estado. A preterição da ordem de precedência cronológica – considerada a extrema gravidade desse gesto de insubmissão estatal às prescrições da Constituição – configura comportamento institucional que produz, no que concerne aos prefeitos municipais, (a) consequências de caráter processual (sequestro da quantia necessária à satisfação do débito, ainda que esse ato extraordinário de constrição judicial incida sobre rendas públicas), (b) efeitos de natureza penal (crime de responsabilidade, punível com pena privativa de liberdade – DL 201/1967, art. 1º, XII) e (c) reflexos de índole político-administrativa (possibilidade de intervenção do Estado-Membro no Município, sempre que essa medida extraordinária revelar-se essencial à execução de ordem ou decisão emanada do Poder Judiciário – CF, art. 35, IV, *in fine*)". (Rcl 2.143 AgR, rel. min. Celso de Mello, j. 12-3-2003, P, DJ de 6-6-2003)

⇒ "O procedimento destinado a viabilizar, nas hipóteses de descumprimento de ordem ou de sentença judiciais (CF, art. 34, VI, e art. 35, IV), a efetivação do ato de intervenção – trate-se de intervenção federal nos Estados-Membros, cuide-se de intervenção estadual nos Municípios – reveste-se de caráter político-administrativo, muito embora instaurado perante órgão competente do Poder Judiciário (CF, art. 36, II, e art. 35, IV)" (...). (AI 343.461 AgR, rel. min. Celso de Mello, j. 18-6-2002, 2ª T, DJ de 29-11-2002)

⇒ "Recurso extraordinário: descabimento: inexistência de causa no procedimento político-administrativo de requisição de intervenção estadual nos Municípios para prover a execução de ordem ou decisão judicial (CF, art. 35, IV), ainda quando requerida a providência pela parte interessada". (Pet 1.256, rel. min. Sepúlveda Pertence, j. 4-11-1998, P, DJ de 4-5-2001)

⇒ "Por não se tratar de causa, em sentido próprio, mas de providência administrativa, da privativa iniciativa do Tribunal de Justiça, não cabe recurso extraordinário contra a decisão daquela corte, que indeferiu o encaminhamento do pedido de intervenção federal, por suposto descumprimento de decisão judicial (art. 34, IV, da Constituição)" – RE 149.986, rel. min. Octavio Gallotti, j. 9-3-1993, 1ª T, DJ de 7-5-1993.

⇒ A jurisprudência sedimentada do Supremo é pacífica em torno do não cabimento de recurso extraordinário contra acórdão que implica o deferimento de pedido de intervenção estadual em Município. O Plenário aprovou o Verbete 637 da Súmula, com a seguinte redação: "Não cabe recurso extraordinário contra acórdão de Tribunal de Justiça que defere pedido de intervenção estadual em Município". [AI 548.055 AgR, rel. min. Marco Aurélio, 1ª T, j. 26-6-2012, DJE 159 de 14-8-2012.]

⇒ Como afirmado na decisão agravada, a jurisprudência do Supremo Tribunal Federal firmou-se no sentido de que não cabe recurso extraordinário contra julgado de Tribunal de Justiça que defere pedido de intervenção estadual de Município, por ter a intervenção natureza político-administrativa e não jurisdicional. Incide na espécie a Súmula 637 do Supremo Tribunal Federal. [AI 631.534 AgR, rel. min. Cármen Lúcia, 1ª T, j. 27-10-2009, DJE 68 de 20-11-2009.]

⇒ 1. O deferimento de pedido de intervenção estadual nos Municípios por Tribunal de Justiça possui natureza político-administrativa, o que não enseja apreciação em recurso extraordinário. Incidência da Súmula 637 do STF. [AI 629.867 AgR, rel. min. Ayres Britto, 1ª T, j. 9-6-2009, DJE 152 de 14-8-2009.]

⇒ "A exigência de respeito incondicional às decisões judiciais transitadas em julgado traduz imposição constitucional justificada pelo princípio da separação de poderes e fundada nos postulados que informam, em nosso sistema jurídico, a própria concepção de Estado Democrático de Direito. O dever de cumprir as decisões emanadas do Poder Judiciário, notadamente nos casos em que a condenação judicial tem por destinatário o próprio Poder Público, muito mais do que simples incumbência de ordem processual, representa uma incontornável obrigação institucional a que não se pode subtrair o aparelho de Estado, sob pena de grave comprometimento dos princípios consagrados no texto da Constituição da República. A desobediência a ordem ou a decisão judicial pode gerar, em nosso sistema jurídico, gravíssimas consequências, quer no plano penal, quer no âmbito político-administrativo (possibilidade de 'impeachment'), quer, ainda, na esfera institucional (decretabilidade de intervenção federal nos Estados-Membros ou em Municípios situados em Território Federal, ou de intervenção estadual nos Municípios)." (RTJ 167/6-7, Rel. Min. Celso de Melo, Pleno) O que se revela incontroverso, nesse contexto, é que os postulados da segurança jurídica, da boa-fé objetiva e da proteção da confiança, enquanto expressões do Estado Democrático de Direito, mostram-se impregnados de elevado conteúdo ético, social e jurídico, projetando-se sobre as relações jurídicas, mesmo as de direito público (RTJ 191/922, Rel. p/ o acórdão Min. Gilmar Mendes), em ordem a viabilizar a incidência desses mesmos princípios sobre comportamentos de qualquer dos Poderes ou órgãos do Estado (os Tribunais de Contas, inclusive), para que se preservem, desse modo, situações consolidadas e protegidas pelo fenômeno da "*res judicata*". (MS – 31412 MC/DF – Rel. Min. Celso de Mello – 29/06/2012 – Informativo 680)

⇒ "Também se declarou a inconstitucionalidade dos incisos V e VI do art. 23, que prevêem a possibilidade de intervenção no Município em caso de corrupção na administração municipal ou de não se recolherem à Previdência Social, por seis meses consecutivos ou alternados, valores descontados em folha de pagamento de seus servidores e parcelas devidas pela Prefeitura. Considerou-se que referidos incisos estariam a ampliar o rol taxativo dos casos de intervenção do Estado em seus Municípios apresentado pelo art. 35 da CF, também de observância obrigatória pelos Estados-Membros. Reputou-se inconstitucional a expressão 'nunca inferior a três por cento e', contida tanto na redação originária do *caput* do art. 37 ('A Assembleia Legislativa elaborará sua proposta orçamentária dentro dos limites estipulados conjuntamente com os demais Poderes, na forma da Lei de Diretrizes Orçamentárias, nunca inferior a três por cento da receita estadual') quanto na alterada por emenda constitucional ('A Assembleia Legislativa elaborará sua proposta orçamentária dentro dos limites estipulados conjuntamente com os demais Poderes, na forma da Lei de Diretrizes Orçamentárias, nunca inferior a três por cento e até cinco por cento da receita estadual...'). Asseverou-se que a previsão, ausente do modelo federal, não viabilizaria a possibilidade de se cogitar de um piso em termos de despesas, salientando-se que o Poder Legislativo deve atuar com independência, estipulando e confeccionando a proposta orçamentária. Na mesma linha, assentou-se a inconstitucionalidade da expressão 'nunca inferior a três por cento da receita estadual' constante do § 1º do art. 95 ('O Poder Judiciário elaborará sua proposta orçamentária dentro dos limites estipulados conjuntamente com os demais Poderes, na forma da Lei de Diretrizes Orçamentárias, nunca inferior a três por cento da receita estadual')". (ADI 336/SE, rel. Min. Eros Grau, 10.2.2010)

⇒ "O Tribunal, por maioria, julgou procedente o pedido formulado em ação direta ajuizada pelo Partido do Movimento Democrático Brasileiro – PMDB para declarar a inconstitucionalidade da expressão 'ou do Tribunal de Contas dos Municípios' constante do inciso I, do art. 85, da Constituição do Estado do Pará (Art. 85: 'A decretação da intervenção dependerá: I – nos casos do inciso I, II e III, do artigo anterior, de representação fundamentada da Câmara Municipal ou do Tribunal de Contas dos Municípios'). Considerou-se que o tribunal de contas municipal não possui legitimidade constitucional para requerer a intervenção nas hipóteses do art. 35, I, II e III, da CF – cujo teor fora repetido nas alíneas I, II e III do art. 84 da Constituição estadual – porquanto, em tais hipóteses ele atua como órgão auxiliar do Poder Legislativo municipal a quem compete formular a representação ao Governador, se não rejeitar o parecer prévio emitido pelo Tribunal de Contas (CF, art. 31, § 2º). Vencido o Min. Sepúlveda Pertence que julgava improcedente o pedido. Precedentes citados: ADI (MC) 614-MA (DJU de 18.5.01) e ADI (MC) 1.000-CE (RTJ 157/847)". (ADI 2.631-PA, rel. Min. Carlos Velloso, 29.8.2002)

⇒ "A decisão de tribunal de justiça que defere pedido de intervenção estadual em Município (CF, art. 35: 'O Estado não intervirá em seus Municípios, nem a União nos Municípios localizados em Território Federal, exceto quando: ... IV – o Tribunal de Justiça der provimento a representação para assegurar a observância de princípios indicados na Constituição estadual, ou para prover a execução de lei, de ordem ou de decisão judicial.') não se caracteriza como 'causa' de natureza jurisdicional para efeito de cabimento de recurso extraordinário, mas sim como procedimento político-administrativo. Com esse entendimento, o Tribunal indeferiu medida cautelar em que se pretendia emprestar efeito suspensivo a recurso extraordinário interposto contra decisão do Tribunal de Justiça de São Paulo que dera provimento a pedido de intervenção estadual no Município de Diadema, formulado por credores, para prover execução de ordem judicial". (Petição 1.256-SP, rel. Min. Sepúlveda Pertence, 4.11.98).

14.2. Superior Tribunal de Justiça (STJ)

⇒ "2. De acordo com a jurisprudência desta Corte, a decisão do Tribunal de Justiça local que analisa pedido de intervenção estadual em município realiza julgamento de caráter político-administrativo, insuscetível de impugnação por recurso especial". (REsp 969838/MA – Primeira Turma – Rel. Min. Sérgio Kukina – Data do Julgamento: 17/03/2015)

⇒ "2. O Município de Santo André possui legitimidade passiva para figurar no polo passivo do pedido de intervenção estadual originado de precatório alimentar inadimplido pelo Instituto de Previdência de Santo André, pois responde subsidiariamente pelas dívidas de suas autarquias, ainda que se reconheça a relativa autonomia administrativa e financeira das entidades da administração indireta. 3. O Supremo Tribunal Federal exige a presença de determinados requisitos nos casos de intervenção por inadimplemento de precatórios judiciais: a) a possibilidade do interventor agir de maneira diferente ao governante eleito; b) a inexistência de meios menos gravosos e igualmente eficazes para solucionar a falta de pagamento do precatório; c) a proporcionalidade do pedido interventivo entre o objetivo perseguido (pagamento de precatório alimentar) e o ônus imposto aos cidadãos provocado pela medida extrema. Na hipótese examinada, não há falar na presença dos referidos requisitos, o que impõe a concessão da segurança pleiteada para obstar a determinação de intervenção estadual. 4. Especificamente sobre o tema, a orientação consolidada desta Corte Superior: RMS 31.162/SP, 1ª Turma, Rel. Min. Arnaldo Esteves Lima, DJe de 1º.10.2010; RMS 31.827/SP, 2ª Turma, Rel. Min. Castro Meira, DJe de 29.6.2010; RMS 29.929/SP, 2ª Turma, Rel. Min. Eliana Calmon, DJe de 2.12.2009 RMS 29.063/SP, 2ª Turma, Rel. Min. Herman Benjamin, DJe de 8.9.2009)". (RMS 30663/SP – Segunda Turma – Min. Mauro Campbell Marques – Data do Julgamento: 16/11/2010)

⇒ "Na linha da jurisprudência da Segunda Turma, o município tem legitimidade para figurar no polo passivo de pedido de intervenção estadual mesmo em relação a precatórios emitidos em nome da autarquia previdenciária, cujas dívidas são de responsabilidade subsidiária daquele. – Ausente a efetiva possibilidade de pagamento dos precatórios judiciais pela municipalidade, não a simples vontade de inadimplir, descabe o decreto de intervenção estadual no município. Recurso ordinário provido". (RMS 30267/SP – Segunda Turma – Rel. Min. Cesar Asfor Rocha – Data do Julgamento 26/10/2010)

⇒ "1. Deve-se destacar que, à luz do entendimento sedimentado no STJ, o município recorrente pode sofrer o procedimento de intervenção, por inadimplemento de precatório judicial de suas autarquias, uma vez que responsável, subsidiariamente (RMS 31.833/SP, Rel. Min. Benedito Gonçalves, Primeira Turma, DJe 24/8/10) 2. Portanto, o Município de Santo André/SP detém legitimidade para figurar no polo passivo do pedido de intervenção estadual decorrente de precatório alimentar inadimplido pelo Instituto de Previdência, autarquia municipal. 3. Quanto à medida interventiva, o Supremo Tribunal Federal, atento ao princípio da proporcionalidade, tem entendido que o não pagamento de precatório judicial, na hipótese em que ausente atuação dolosa das autoridades competentes do respectivo ente federado inadimplente, não é causa para a decretação da intervenção. 4. Para o STF, a intervenção é inadequada, porque o interventor não teria condições de agir de modo diferente a fim de atingir o resultado desejado; desnecessária, porque há meios menos gravosos e igualmente eficazes para solucionar o problema que deu ensejo ao pedido interventivo; e desproporcional em sentido estrito, por não haver razoabilidade entre o objetivo perseguido e o ônus imposto aos cidadãos (IF 3.601/SP, Relator p/acórdão Min. Gilmar Mendes, Tribunal Pleno, DJ 22/8/03) 5. O referido entendimento também é compartilhado pelo Superior Tribunal de Justiça, em casos como o dos autos, em que a decretação da intervenção se mostra inócua, desnecessária e, eventualmente, pode implicar quebra da ordem cronológica no pagamento dos precatórios. 6. Não tendo os embargos declaratórios opostos na instância de origem caráter protelatório, pois objetivava, além de esclarecimentos adicionais, o prequestionamento, indispensável ao acesso às instâncias especiais, nos termos da Súmula 98/STJ, incabível a imposição da multa prevista no art. 538, parágrafo único, do CPC. 7. Recurso ordinário provido para obstar a decretação da intervenção estadual no Município de Santo André/SP, excluindo-se a multa imposta nos termos do art. 538, parágrafo único, do CPC". (RMS 31162/SP – Primeira Turma – Rel. Min. Arnaldo Esteves – Data do Julgamento: 21/09/2010)

⇒ "3. A intervenção é exceção no regime federativo por consistir em suspensão da autonomia constitucional dos entes federados. 4. Não se trata de sanção, mas medida saneadora excepcionalíssima que visa a recompor o equilíbrio federativo, em hipóteses delineadas na Constituição Federal. Assim, não visa punir o Prefeito, mas possibilitar o cumprimento da ordem judicial. 5. Cabe intervenção se o Prefeito estiver inadimplente por vontade própria, o que poderia ser resolvido por sua substituição temporária, sob pena de o interventor encontrar-se na mesma impossibilidade de pagamento. 6. Para o Supremo Tribunal Federal a intervenção é: (a) inadequada, se evidente que o interventor não teria condições de agir de modo diferente; (b) desnecessária, quando há meios menos gravosos e igualmente eficazes para solucionar o problema que deu ensejo ao pedido interventivo; e (c) desproporcional, se não houver razoabilidade entre o objetivo perseguido e o ônus imposto aos cidadãos. 7. 'Impor à população local um interventor que não solucionará a causa de sua indicação é inaceitável, pois representa medida inócua e, portanto, traumática para a sociedade e desmoralizadora para o Judiciário' (RMS 29.063/SP, Rel. Min. Herman Benjamin, Segunda Turma, DJe de 08.09.2009)". (RMS 31827/SP – Segunda Turma – Min. Castro Meira – Data do Julgamento 17/06/2010)

⇒ "1. Foi impetrado mandado de segurança contra acórdão do Tribunal de Justiça do Estado de São Paulo que decretou a intervenção do Município de Santo André/SP, em razão do não-pagamento de precatório alimentar inscrito sob o nº 79/05 e expedido contra a Caixa de Pensões dos Servidores Públicos Municipais de Santo André/SP. 2. Em casos similares, a Segunda Turma desta Corte concluiu que: a) o mandado de segurança é remédio jurídico apto a impugnar decreto do Tribunal de Justiça que determina a intervenção no Município, em razão da natureza político-administrativo desse provimento decisório; b) o Município de Santo André/SP responde subsidiariamente pelas dívidas da autarquia municipal, pois há inequívoca relação de dependência financeira entre esses entes públicos, bem como por estar evidenciado o vínculo entre o Prefeito Municipal e a mencionada entidade da Administração Indireta; c) a decretação da intervenção estadual não seria adequada para fazer cumprir os mandamentos judiciais que ensejaram a medida, em virtude da peculiar situação vivida pelo Município de Santo André/SP, o qual possui precatórios vencidos desde o ano de 1999, sendo o caso de se procurar reduzir, segundo a ordem cronológica dos requisitórios, o passivo verificado ao longo de vários anos. 3. Recurso ordinário em mandado de segurança provido". (RMS 31821/SP – Segunda Turma – Rel. Min. Castro Meira – Data do Julgamento 15/06/2010)

⇒ "1. Trata-se de conflito negativo de competência suscitado pelo Tribunal Regional do Trabalho da 4ª Região contra o Tribunal de Justiça do Estado do Rio Grande do Sul nos autos da representação postulada pelo Procurador-Geral de Justiça do Estado do Rio Grande do Sul ao TJRS, para a intervenção daquele Estado no Município de Pelotas/RS, devido ao não pagamento de precatórios oriundos da Justiça Trabalhista. 2. Acolhida a representação pelo Tribunal de Justiça Estadual, houve requisição à governadora do estado para que fosse realizada intervenção no Município de Pelotas. Entretanto, não houve a intervenção pelo Poder Executivo estadual, o que redundou em requisição, ao TJRS, de intervenção federal no Estado do Rio Grande do Sul por parte do Procurador-Geral. 3. O TJRS declarou-se absolutamente incompetente para processar e julgar a representação para fins de intervenção federal no Estado do Rio Grande do Sul ante a ausência de pagamento de precatório originado de débito de natureza trabalhista. Sustentou que, com a Emenda Constitucional 45, a competência para a apreciação da representação, para fins de intervenção federal no Estado, passou a ser do próprio Tribunal Regional do Trabalho da 4ª Região, à luz do art. 114, IX, da CF/88. O TRT da 4ª Região suscitou o presente conflito, sob o fundamento de ser incabível julgar pedido de intervenção federal em face de não cumprimento de ordem advinda do Tribunal de Justiça do Estado do Rio Grande do Sul. 4. A matéria não é nova na Corte, já tendo sido julgada nos Conflitos de Competência 98.942 e 101.320, de relatoria dos Ministros Eliana Calmon e Francisco Falcão, respectivamente. Nos referidos precedentes, decidido-se que a competência para julgamento do conflito é do STF, devendo os autos ser encaminhados àquela Corte. Isso se explica, porque a decisão que deixou de ser cumprida pelo Município é de tribunal da União (TRT da 4ª Região) e a requisição não atendida pela Exma. Sra. Governadora do Estado do Rio Grande do Sul emanou do Tribunal de Justiça local, configurando conflito entre entes políticos da Federação – de um lado, a União; de outro, o Estado do Rio Grande do Sul –, cuja solução deve ser emanada do Supremo Tribunal Federal à luz do disposto no art. 102, I, 'f', da CF/88. Conflito de competência não conhecido. Determinada a remessa dos autos ao Supremo Tribunal Federal, nos termos do art. 120, parágrafo único, do Código de Processo Civil". (CC 107890/RS – Primeira Seção – Rel. Min. Humberto Martins – Data do Julgamento 12/05/2010)

⇒ "1. O Supremo Tribunal Federal, nos pedidos de intervenção por falta de pagamento de precatórios, tem observado a proporcionalidade entre o pedido e o resultado, observando os aspectos seguintes: a) possibilidade de vir o interventor a agir diferentemente do governante eleito; b) necessidade da medida extrema, evitando-a quando há meios menos gravosos e eficazes para solucionar o impasse e; c) proporcionalidade entre o pedido e a solução, observando-se a razoabilidade entre o objetivo perseguido (pagamento de precatório alimentar) e o ônus imposto aos cidadão. 2. Este Tribunal, assim como o STF, têm admitido o mandado de segurança como mecanismo de impugnação ao decreto interventivo (RMS 29.063/SP, Rel. Ministro Herman Benjamin, Segunda Turma, julgado em 01/09/2009, DJe 08/09/2009). 3. A intervenção estadual foi deferida ao entendimento de que não houve o pagamento de precatório de natureza alimentar, configurando-se o não cumprimento de decisão judicial, sem observância das dificuldades financeiras do município, inadimplente com os precatórios ainda de 1999, situação que a intervenção não solucionará. 4. Impossibilidade de proceder-se ao pagamento de precatório do ano de 2004 anteriormente a outro, correspondente à dívida de mesma natureza, do ano de 1999, sendo necessário observar a ordem cronológica. 5. Recurso ordinário provido para anular a ordem de intervenção". (RMS 29929/SP – Segunda Turma – Rel. Min. Eliana Calmon – Data do Julgamento 19/11/2009)

⇒ "1. Pedido de intervenção federal fundamentado na negativa de cumprimento, por parte da Governadora do Estado, de decisão judicial emanada do Tribunal de Justiça do Estado do Rio Grande do Sul proferida, por seu turno, em sede de representação proposta pelo Procurador-Geral de Justiça do Estado do Rio Grande do Sul, para fins de intervenção estadual no Município de Pelotas/RS. 2. No caso, somente se discute a competência para examinar os pressupostos de admissibilidade do pedido de intervenção federal apresentado pela Procuradoria-Geral de Justiça do Estado do Rio Grande do Sul, antes de remetê-lo à Corte Suprema. 3. '(...) tratando-se de condenação transitada em julgado, proferida por órgão competente da Justiça estadual, falece legitimidade ativa 'ad causam' ao credor interessado para requerer, diretamente, ao Supremo Tribunal Federal, a instauração do processo de intervenção federal contra o Estado-Membro que deixou de cumprir a decisão ou a ordem judicial, pois, em tal hipótese, impor-se-á, à parte interessada, a obrigação de previamente submeter o pedido de intervenção ao Presidente do Tribunal local, a quem incumbirá formular, em ato devidamente motivado, o pertinente juízo de admissibilidade. Se esse juízo de admissibilidade for positivo, caberá ao Presidente da Corte judiciária inferior determinar o processamento do pedido e ordenar o seu ulterior encaminhamento ao Supremo Tribunal Federal, para que este – apreciando, e eventualmente acolhendo, a postulação formulada pelo credor interessado – requisite, ao Presidente da República, ser for o caso, a decretação de intervenção federal no Estado-Membro que houver descumprido a decisão judicial exeqüenda' (AgRg na IF 555/MG, Tribunal Pleno, Rel. Min. Celso de Mello, DJ de 13.11.1998). 4. Tratando-se, portanto, de intervenção fundada no descumprimento de decisão proferida pelo Tribunal de Justiça do Estado do Rio Grande do Sul, compete ao seu próprio Órgão Especial proceder ao juízo prévio de admissibilidade do pedido, antes de remetê-lo à Corte Suprema, nos moldes definidos no art. 218 do seu Regimento Interno. 5. Conflito conhecido para declarar a competência do Tribunal de Justiça do Estado do Rio Grande do Sul, o suscitado". (CC 106102/RS – Primeira Seção – Rel. Min. Denise Arruda – Data do Julgamento 11/11/2009)

⇒ "1. É da competência do Tribunal de Justiça o processamento de requisição de intervenção federal no Estado, fundada em descumprimento de decisão do referido Tribunal, ainda que essa tenha sido proferida em pedido de intervenção do Estado em Município, por descumprimento de sentença trabalhista. 2. Também não é caso de competência originária do Supremo Tribunal Federal. A eventual submissão da requisição de intervenção ao STF deve ser precedida de juízo delibatório de admissibilidade pelo Tribunal de Justiça, como faz certo o art. 19, I, da Lei 8.038/90. 3. Conflito conhecido, para declarar competente o Suscitado". (CC 104303/RS – Primeira Seção – Rel. Min. Teori Albino Zavascki – Data do Julgamento 23/09/2009)

⇒ "5. A intervenção em um ente político é a medida mais extrema no regime federativo por consistir em suspensão de sua autonomia constitucional. Não se trata de sanção, mas medida saneadora excepcionalíssima que visa a recompor o equilíbrio federativo, em hipóteses delineadas na Constituição Federal. 6. A função da intervenção, *in casu*, não é punir o Prefeito, mas possibilitar o cumprimento da ordem judicial. Vale dizer, a nomeação de interventor tem como finalidade pagar o precatório. 7. Cabe intervenção, portanto, se o Prefeito estiver inadimplente por vontade própria, o que poderia ser remediado por sua substituição temporária. Há que observar omissão imputável, direta ou indiretamente, ao agente público, sob pena de o interventor encontrar-se na mesma impossibilidade de pagamento. 8. O Ministro Gilmar Mendes, ao manifestar-se nos precedentes que fixaram a jurisprudência do STF a respeito da matéria (IF 2.915/SP e IF 2.953/SP), delineou as 'três máximas parciais da proporcionalidade', pelas quais a intervenção é: a) inadequada, se evidente que o interventor não teria condições de agir de modo diferente, em relação ao governante eleito; b) desnecessária, quando há meios menos gravosos e igualmente eficazes para solucionar o problema que deu ensejo ao pedido; e c) desproporcional, no sentido estrito, se não houver razoabilidade entre o objetivo perseguido (pagamento de precatório alimentar) e o ônus imposto aos cidadãos. Isso porque a intervenção não atinge apenas o chefe do Executivo, mas toda a sociedade que o elegeu e passará a ser governada, ainda que temporariamente, por um interventor. 9. A existência de disponibilidade orçamentária em 2005 não implica possibilidade de pagamento do precatório daquele ano, se há anteriores inadimplidos, sob pena de violação da estrita ordem cronológica imposta pelo art. 100 da CF. É juridicamente impossível que o Prefeito ou eventual interventor pague precatórios de 2005 antes daqueles relativos ao exercício de 1999. 10. A previsão orçamentária suficiente para pagamento de montante equivalente aos precatórios emitidos para o exercício demonstra, em princípio, responsabilidade fiscal, não imprevisão, como apontou o Tribunal de Justiça. 11. O governante responsável, em face de precatórios atrasados há aproximadamente seis anos, caso de Santo André, deve procurar reduzir paulatinamente esse débito, por meio de previsão orçamentária e disponibilidade financeira suficiente para pagar, pelo menos, valor correspondente aos precatórios do exercício corrente, evitando, com isso, o aumento da dívida global. 12. Irresponsabilidade e imprevisão haveria se o pagamento em cada exercício fosse menor que o montante de precatórios emitidos no período, situação não indicada nos autos. 13. O Tribunal de Justiça reconhece expressamente que a intervenção não solucionará o problema, pois o interventor não conseguirá pagar o precatório imediatamente. No entanto, decretou-a pelo argumento de fazer cumprir a Constituição, o que é contraditório, considerando que, repito, a função da intervenção é solucionar o problema, e não punir o agente público. 14. É compreensível a indignação da Corte Estadual com o descumprimento de suas ordens, sentimento compartilhado por todo o Judiciário. No entanto, a intervenção é medida extrema, ainda que parcial e temporária, que afeta diretamente alguns dos princípios mais caros à nossa República: a legitimidade democrática do governo eleito e a autonomia dos entes federados. 15. Tal instrumento deve ser utilizado com extrema cautela, e somente nas hipóteses em que possa efetivamente proteger um bem maior, qual seja a integridade da Federação. 16. Impor à população local um interventor que não solucionará a causa de sua indicação é inaceitável, pois representa medida inócua e, portanto, traumática para a sociedade e desmoralizadora para o Judiciário. 17. Recurso Ordinário provido". (RMS 29063/SP – Segunda Turma – Rel. Min. Herman Benjamin – Data do Julgamento 01/09/2009)

⇒ "1. É entendimento assente no âmbito deste Tribunal que não cabe recurso especial contra decisão que decretou a intervenção estadual em Município, dado o seu caráter político-administrativo. Agravo regimental improvido". (AgRg no Ag 674051/SP – Segunda Turma – Rel. Min. Humberto Martins – Data do Julgamento 07/02/2008)

⇒ "I – O decreto de intervenção estadual em município possui natureza político-administrativa insuscetível de impugnação por recurso especial. O decreto interventivo é ato de competência do Governador do Estado, realizado mediante requisição do Presidente do Tribunal de Justiça e, ainda, submetido à apreciação da Assembleia Legislativa (§ 1° do art. 36 c/c art. 35 da Constituição Federal). Assim, inexiste 'causa' decidida em única ou última instância, requisito constitucional autorizador do apelo extremo. II – Agravo regimental improvido". (AgRg no REsp 805452/SP – Primeira Turma – Rel. Min. Francisco Falcão – Data do Julgamento 18/04/2006)

⇒ "Se o decreto estadual que determinara a prorrogação da intervenção do Estado no Município tinha prazo determinado, a findar em 31.12.2003, – embora o ato fosse anteriormente impugnado através de mandado de segurança, cuja petição inicial fora liminarmente indeferida, pendente de admissão o recurso ordinário, – quando da apreciação da liminar na medida cautelar oposta já se exaurira o prazo fixado no mesmo decreto estadual, o que provocaria não só a perda de objeto da medida de urgência, mas também estaria prejudicada a própria medida cautelar. Agravo regimental igualmente prejudicado". (AgRg na MC 7642/GO – Primeira Turma – Rel. Min. Denise Arruda – Data do Julgamento 09/03/2004)

⇒ "Medida cautelar que busca atribuir efeito suspensivo a recurso especial ainda não interposto, contra acórdão que concedeu pedido de intervenção estadual em município, em face de débitos relativos a precatório não pago. – A decretação de intervenção estadual em município, possui natureza político-administrativa insuscetível de impugnação pela via eleita do recurso especial. – Medida cautelar improcedente". (MC 3807/PB – Primeira Turma – Rel. Min. Francisco Falcão – Data do Julgamento 05/03/2002)

⇒ "A Turma, ao prosseguir o julgamento, reafirmou que o decreto de intervenção estadual em município por descumprimento de decisão judicial (deixar de pagar precatório correspondente à dívida de alimentos), por ser uma decisão político-administrativa, não é suscetível de impugnação via recurso judicial. Precedentes citados: AgRg no REsp 205.326-SP,

DJ 28/4/2003; AgRg no Ag 434.996-SP, DJ 9/9/2002, e REsp 508.361-SP, DJ 27/9/2004". AgRg no Ag 712.657-SP, Segunda Turma – Rel. Min. João Otávio de Noronha, julgado em 21/2/2006. (Informativo nº 0275)

Apêndice

Constituição Federal de 1988
(excertos)

Capítulo VI
Da Intervenção

Art. 34. A União não intervirá nos Estados nem no Distrito Federal, exceto para:

I – manter a integridade nacional;

II – repelir invasão estrangeira ou de uma unidade da Federação em outra;

III – pôr termo a grave comprometimento da ordem pública;

IV – garantir o livre exercício de qualquer dos Poderes nas unidades da Federação;

V – reorganizar as finanças da unidade da Federação que:

a) suspender o pagamento da dívida fundada por mais de dois anos consecutivos, salvo motivo de força maior;

b) deixar de entregar aos Municípios receitas tributárias fixadas nesta Constituição, dentro dos prazos estabelecidos em lei;

VI – prover a execução de lei federal, ordem ou decisão judicial;

VII – assegurar a observância dos seguintes princípios constitucionais:

a) forma republicana, sistema representativo e regime democrático;

b) direitos da pessoa humana;

c) autonomia municipal;

d) prestação de contas da administração pública, direta e indireta.

e) aplicação do mínimo exigido da receita resultante de impostos estaduais, compreendida a proveniente de transferências, na manutenção e desenvolvimento do ensino e nas ações e serviços públicos de saúde. (Redação dada pela Emenda Constitucional nº 29, de 2000)

Art. 35. O Estado não intervirá em seus Municípios, nem a União nos Municípios localizados em Território Federal, exceto quando:

I – deixar de ser paga, sem motivo de força maior, por dois anos consecutivos, a dívida fundada;

II – não forem prestadas contas devidas, na forma da lei;

III – não tiver sido aplicado o mínimo exigido da receita municipal na manutenção e desenvolvimento do ensino e nas ações e serviços públicos de saúde; (Redação dada pela Emenda Constitucional nº 29, de 2000)

IV – o Tribunal de Justiça der provimento a representação para assegurar a observância de princípios indicados na Constituição Estadual, ou para prover a execução de lei, de ordem ou de decisão judicial.

Art. 36. A decretação da intervenção dependerá:

I – no caso do art. 34, IV, de solicitação do Poder Legislativo ou do Poder Executivo coacto ou impedido, ou de requisição do Supremo Tribunal Federal, se a coação for exercida contra o Poder Judiciário;

II – no caso de desobediência a ordem ou decisão judiciária, de requisição do Supremo Tribunal Federal, do Superior Tribunal de Justiça ou do Tribunal Superior Eleitoral;

III – de provimento, pelo Supremo Tribunal Federal, de representação do Procurador-Geral da República, na hipótese do art. 34, VII, e no caso de recusa à execução de lei federal. (Redação dada pela Emenda Constitucional nº 45, de 2004)

IV – (Revogado pela Emenda Constitucional nº 45, de 2004)

§ 1º O decreto de intervenção, que especificará a amplitude, o prazo e as condições de execução e que, se couber, nomeará o interventor, será submetido à apreciação do Congresso Nacional ou da Assembléia Legislativa do Estado, no prazo de vinte e quatro horas.

§ 2º Se não estiver funcionando o Congresso Nacional ou a Assembléia Legislativa, far-se-á convocação extraordinária, no mesmo prazo de vinte e quatro horas.

§ 3º Nos casos do art. 34, VI e VII, ou do art. 35, IV, dispensada a apreciação pelo Congresso Nacional ou pela Assembléia Legislativa, o decreto limitar-se-á a suspender a execução do ato impugnado, se essa medida bastar ao restabelecimento da normalidade.

§ 4º Cessados os motivos da intervenção, as autoridades afastadas de seus cargos a estes voltarão, salvo impedimento legal.

Bibliografia

ACRE. Assembleia Legislativa. *Constituição do Estado do Acre*. Disponível em: <http://www.al.ac.leg.br/wp-content/uploads/2014/10/constitui%C3%A7%C3%A3o_atualizada.pdf>. Acesso em 16-07-2020.

ALAGOAS. *Constituição do Estado de Alagoas*. Gabinete Civil. Disponível em: <https://sapl.al.al.leg.br/media/sapl/public/normajuridica/1989/2/2_texto_integral.pdf>. Acesso em 17-07-2021.

ALEPE LEGIS. Legislação do Estado de Pernambuco. *Constituição do Estado de Pernambuco*. Disponível em: <https://legis.alepe.pe.gov.br/texto.aspx?tiponorma=12&numero=1989&complemento=0&ano=1989&tipo=&url>. Acesso em 1-1-2021.

——. Lei nº 11.304, de 28 de dezembro de 1995. Institui o Distrito Estadual de Fernando de Noronha, aprova a sua Lei Orgânica, dispõe sobre medidas de natureza administrativa e dá outras providências. Disponível em: https://legis.alepe.pe.gov.br/texto.aspx?id=2249&tipo>. Acesso em 1-1-2021.

ALESSI, Renato. *Sistema Istituzionale del Diritto Amministrativo Italiano*. Seconda Edizione. Milano: Dott. A. Giuffrè, 1958.

ALEXY, Robert. *Teoria dos direitos fundamentais*. São Paulo: Malheiros, 2008.

AMAZONAS. *Constituição do Estado do Amazonas*. Poder Legislativo. Disponível em: <http://www.ale.am.gov.br/wp-content/uploads/2020/12/Constituicao-05.pdf>. Acesso em 17-07-2021.

BALEEIRO, Aliomar. *Uma Introdução à Ciência das Finanças*. 16ª ed. Rio de Janeiro: Forense, 2008.

BARBALHO, João. *Constituição Federal Brasileira*. Comentários. 2ª ed. Rio de Janeiro: F. Briguiet e Cia Editores, 1924.

BASTOS, Celso Ribeiro Bastos. *Curso de Direito Constitucional*. 20ª ed. São Paulo: Saraiva, 1999.

——; MARTINS, Ives Gandra. *Comentários à Constituição do Brasil*. 4º volume – tomo II. Arts. 70 a 91. São Paulo: Saraiva, 1997.

BERTHÉLEMY, H. *Traité Élémentaire de Droit Administratif*. Treizième édition. Paris: A. Rousseau, 1933.

BIELSA, Rafael. Derecho Constitucional. 3ª ed. Buenos Aires: Depalma, 1959.

BONAVIDES, Paulo. *Curso de Direito Constitucional*. 24ª ed. São Paulo: Malheiros, 2009.

BRASIL. *Ato Institucional nº 5, de 13 de dezembro de 1968*. Disponível em: <http://www.planalto.gov.br/ccivil_03/ait/ait-05-68.htm>. Acesso em 05-01-2020.

——. Decreto-Lei nº 1.202, de 8 de abril de 1939. *Dispõe sobre a administração dos Estados e dos Municípios*. Disponível em: <http://www.planalto.gov.br/ccivil_03/decreto-lei/1937-1946/Del1202.htm>. Acesso em 10-12-2020.

——. Câmara dos Deputados. Legislação Informatizada – *Decreto nº 15.922, de 10 de Janeiro de 1923 – Publicação Original*. Disponível em: <https://www2.camara.leg.br/legin/fed/decret/1920-1929/decreto-15922-10-janeiro-1923-510462-publicacaooriginal-1-pe.html>. Acesso em 9-12-2020.

——. ——. Legislação Informatizada – *Decreto nº 15.923, de 10 de Janeiro de 1923 – Publicação Original*. Disponível em: <https://www2.camara.leg.br/legin/fed/decret/1920-1929/decreto-15923-10-janeiro-1923-517611-publicacaooriginal-1-pe.html>. Acesso em 9-12-2020.

CANOTILHO, José Joaquim Gomes. *Direito Constitucional e Teoria da Constituição*. 3ª ed. Coimbra: Almedina, 1998.

CARVALHO FILHO, José dos Santos. *Manual de Direito Administrativo*. 23ª ed. Rio de Janeiro: Lumen Juris, 2010.

CASTRO, Araújo. *A Constituição de 1937*. 2ª ed. Rio de Janeiro: Freitas Bastos, 1941.

CGU. Controladoria-Geral da União. *Prestação de Contas do Presidente da República 2020*. Acesso em 29-06-2021. Disponível em: <https://www.gov.br/cgu/pt-br/assuntos/noticias/2021/04/cgu-divulga-prestacao-de-contas-do-presidente-da-republica-de-2020/pcpr-2020.pdf>.

CRETELLA JÚNIOR, José. *Comentários à Constituição Brasileira de 1988*. Vol. IV. Arts. 23 a 37. 2ª ed. Rio de Janeiro: Forense Universitária, 1992.

——. *Tratado do domínio público*. Rio de Janeiro: Forense, 1984.

DINIZ, Maria Helena. Dicionário Jurídico. Volume 3. São Paulo: Saraiva, 1998.

DUGUIT, Léon. *Traité de Droit Constitutionnel*. Deuxième édition. Tome deuxième. La Théorie Générale de l'État. Paris: Fontemoing, 1923.

FERNANDES, Bernardo Gonçalves. *Curso de Direito Constitucional*. 9º ed. Salvador: Editora JusPodivm, 2017.

FERREIRA FILHO, Manoel Gonçalves. *Comentários à Constituição Brasileira* (Emenda Constitucional nº 1, de 17-10-1969, com as alterações introduzidas pelas Emendas Constitucionais até a de nº 22, de 29-06-1982). 4ª ed. São Paulo: Saraiva, 1983.

FERREIRA, Pinto. *Comentários à Constituição Brasileira*. 2º Volume – Arts. 22 a 53. São Paulo: Saraiva, 1990.

FIOCRUZ. Fundação Oswaldo Cruz. *Direito à saúde*. Acesso em 30-06-2021. Disponível em: https://pensesus.fiocruz.br/direito-a-saude

GASPARINI, Diógenes. *Direito Administrativo*. 17ª ed. São Paulo: Saraiva, 2012.

GOIÁS. *Constituição do Estado de Goiás*. Assembleia Legislativa. Disponível em: <https://legisla.casacivil.go.gov.br/pesquisa_legislacao/103152/constituicao-estadual>. Acesso em 17-07-2021.

——. Governo do Estado de Goiás. Gabinete Civil da Governadoria. Decreto nº 5.808, de 29 de julho de 2003. *Dispõe sobre intervenção estadual no Município de Iporá e dá outras providências*. Disponível em: <https://legisla.casacivil.go.gov.br/pesquisa_legislacao/61345/decreto-5808>. Acesso em 15-07-2021.

GONZÁLEZ CALDERÓN, Juan A. *Derecho Constitucional Argentino. História, Teoría y Jurisprudencia de la Constitución*. Tomo III. Buenos Aires: J. Lajouane & Cia Editores, 1923.

HAURIOU, Maurice. *Précis de Droit Administratif et de Droit Public Général*. Cinquième édition. Paris: L. Larose et Forcel, 1903.

HESSE, Konrad. *Temas Fundamentais do Direito Constitucional*. Série IDP. São Paulo: Saraiva, 2009.

INTERVENÇÃO NOS ESTADOS. *Documentos Parlamentares*. 6º Volume. Rio de Janeiro: Jornal do Comércio, 1916.

JACQUES, Paulino. *Curso de Direito Constitucional*. 9ª ed. Rio de Janeiro: Forense, 1983.

LEAL, Aurelino. *Theoria e Prática da Constituição Federal Brasileira*. Parte Primeira. Rio de Janeiro: F. Briguiet e Cia. Editores, 1925.

LEWANDOWSKI, Enrique Ricardo. *Pressupostos materiais e formais da Intervenção Federal no Brasil*. 2ª ed. Belo Horizonte: Fórum, 2018.

KELSEN, Hans. *Jurisdição Constitucional*. 3ª ed. São Paulo: WMF Martins Fontes, 2013.

MATO GROSSO DO SUL. *Constituição do Estado de Mato Grosso do Sul*. Controladoria--Geral do Estado (CGE). Disponível em: <http://aacpdappls.net.ms.gov.br/appls/legislacao/secoge/govato.nsf/0a67c456bc566b8a04257e590063f1fd/dfde24a4767ddcbf04257e4b006c0233?OpenDocument>. Acesso em 18-07-2021.

MAXIMILIANO, Carlos. *Comentários à Constituição Brasileira*. 2ª ed. Rio de Janeiro: Jacintho Ribeiro dos Santos, 1923.

——. *Comentários à Constituição Brasileira*. Volume I. 4ª ed. Rio de Janeiro: Freitas Bastos, 1948.

——. *Hermenêutica e aplicação do direito*. 9ª ed. Rio de Janeiro: Forense, 1984.

MEIRELLES, Hely Lopes. *Direito Administrativo Brasileiro*. 20ª ed. São Paulo: Malheiros, 1995.

——. *Direito Municipal Brasileiro*. 7º ed. São Paulo: Malheiros, 1994.

MENDES, Gilmar Ferreira; COELHO, Inocêncio Mártires; BRANCO, Paulo Gustavo Gonet. *Curso de Direito Constitucional*. São Paulo: Saraiva, 2007.

MIRANDA, Pontes de. *Comentários à Constituição da República dos E. U. do Brasil*. Tomo I. Rio de Janiero: Editora Guanabara, 1936.

——. *Comentários à Constituição de 1946*. 2ª ed. Vol. I. São Paulo: Max Limonad, 1953.

——. *Comentários à Constituição de 1967*. Com a Emenda n. I, de 1969. Tomo II. 2ª ed. Sâo Paulo: Revista dos Tribunais, 1973.

OMS. Organización Mundial de la Salud. *Documentos Básicos*. 49ª edición 2020, p. 1. Disponível em: <https://apps.who.int/gb/bd/pdf_files/BD_49th-sp.pdf#page=1>. Acesso em 30-06-2021.

PELEGRINI, Márcia. *A Intervenção Estadual nos Municípios*. Cumprimento de ordem ou decisão judicial. São Paulo: Max Limonad, 2000.

PEÑA DE MORAES, Guilherme. *Curso de Direito Constitucional*. 8ª ed. São Paulo: Atlas, 2016.

PERNAMBUCO. *Constituição do Estado de Pernambuco*. Assembleia Legislativa. Disponível em: <http://legis.alepe.pe.gov.br/arquivoTexto.aspx?tiponorma=12&numero=1989&complemento=0&ano=1989&tipo>. Acesso em 17-07-2021.

PGR. Procuradoria-Geral da República. Nº 1481 – PGR – RG. *Pedido de Intervenção Federal no Distrito Federal*. p. 27-28. Disponível em: <http://www.stf.jus.br/arquivo/cms/noticiaNoticiaStf/anexo/__noticias.pgr.mpf.gov.b...fs_Intervencao_federal_DF.pdf>. Acesso em 9-12-2020.

PINTO FILHO, Francisco Bilac M. *A intervenção federal e o federalismo brasileiro*. Rio de Janeiro: Forense, 2002.

RIBEIRO, Fávila. *A Intervenção Federal nos Estados*. Fortaleza: Editora Jurídica, 1960.

RIO DE JANEIRO. *Constituição do Estado do Rio de Janeiro*. Assembleia Legislativa. Disponível em: <http://alerjln1.alerj.rj.gov.br/constest.nsf/PageConsEst?OpenPage>. Acesso em 17-07-2021.

RIO GRANDE DO SUL. *Constituição do Estado do Rio Grande do Sul*. Assembleia Legislativa. Disponível em: <http://www2.al.rs.gov.br/dal/LinkClick.aspx?fileticket=9p-X_3esaNg%3d&tabid=3683&mid=5358>. Acesso em 17-07-2021.

SANDRONI, Paulo. Novíssimo *Dicionário de Economia*. Verbete: patrimonialismo. São Paulo: Best Seller, 1999.

SANTOS, Carlos Eduardo Ferreira dos. *Normas de Contabilidade no Setor Público*. 2ª ed. Belo Horizonte: Dialética, 2020.

SÃO PAULO. Assembleia Legislativa do Estado de São Paulo. Decreto nº 41.859, de 12 de junho de 1997. *Dispõe sobre intervenção no Município de Lindóia*. Disponível em: <https://www.al.sp.gov.br/repositorio/legislacao/decreto/1997/decreto-41859-12.06.1997.html>. Acesso em 15-07-2021.

SILVA, De Plácido e. *Vocabulário Jurídico*. 26ª ed. Rio de Janeiro: Forense, 2005.

SILVA, José Afonso da. *Comentário Contextual à Constituição*. 2ª ed. São Paulo: Malheiros, 2006.

——. *Curso de Direito Constitucional Positivo*. 33ª ed. São Paulo: Malheiros, 2010.

——. *Curso de Direito Constitucional Positivo*. 9ª ed. São Paulo: Malheiros, 1994.

SOUSA, Eliane Ferreira de. *Direito à educação*. Requisito para o desenvolvimento do País. São Paulo: Saraiva, 2010.

STF. Supremo Tribunal Federal. Tribunal Pleno. *HC 71039 / RJ*. Rel. Min. Paulo Brossard. Julgamento: 07/04/1994. Publicação: 06/12/1996. Disponível em: <https://jurisprudencia.stf.jus.br/pages/search/sjur118841/false>. Acesso em 9-12-2020.

——. Tribunal Pleno. *MS 25579 MC/DF*. Redator(a) do acórdão: Min. Joaquim Barbosa. Julgamento: 19/10/2005. Publicação: 24/08/2007. Disponível em: <https://jurisprudencia.stf.jus.br/pages/search/sjur90094/false>. Acesso em 21-11-2020.

——. Primeira Turma. *RE 130764/PR*. Relator: Min. Moreira Alves. Julgamento: 12/05/1992. Publicação: 07/08/1992. Disponível em: <https://jurisprudencia.stf.jus.br/pages/search/sjur113372/false>. Acesso em 22-11-2020.

——. Tribunal Pleno. *RE 608880/MT*. Relator: Min. Marco Aurélio. Julgamento: 08/09/2020. Publicação: 01/10/2020. Disponível em: <https://jurisprudencia.stf.jus.br/pages/search/sjur432834/false>. Acesso em 22-11-2020.

——. Tribunal Pleno. *IF 5179/DF*. Rel. Min. Cezar Peluso. Julgamento: 30/06/2010. Publicação: 08/10/2010. Ementa. Disponível em: <https://jurisprudencia.stf.jus.br/pages/search?classeNumeroIncidente=%22IF%205179%22&base=acordaos&sinonimo=true&plural=true&page=1&pageSize=10&sort=_score&sortBy=desc&isAdvanced=true>. Acesso em 9-12-2020.

TAVARES, André Ramos. *Curso de Direito Constitucional*. 14ª ed. São Paulo: Saraiva, 2016.

TEMER, Michel. *Elementos de Direito Constitucional*. 13ª ed. São Paulo: Malheiros, 1997.

TCE-MT. Tribunal de Contas do Estado de Mato Grosso. *TCE pede intervenção do Estado no município de Acorizal*. Notícias: 12 de dezembro de 2018, 11h01. Disponível em: <https://www.tce.mt.gov.br/conteudo/show/sid/73/cid/47915/t/TCE+pede+interven%E7%E3o+do+Estado+no+munic%EDpio+de+Acorizal>. Acesso em 15-07-2021.

TCDF. Tribunal de Contas do Distrito Federal. *Relatório Analítico sobre as Contas do Governo do Distrito Federal*. Exercício 2019. Disponível em: <https://www2.tc.df.gov.br/wp-content/uploads/2020/11/RAPP-2019-Versao-Publicacao.pdf>. Acesso em 29-06-2021.

TCU. Tribunal de Contas da União. *Declaração de Lima* – ISSAI 1. INTOSAI. Aprovada em 1977. Disponível em: <https://portal.tcu.gov.br/fiscalizacao-e-controle/auditoria/normas-internacionais-das-entidades-fiscalizadores-superiores-issai/>. Acesso em 29-06-2021.

——. Plenário. *Instrução Normativa nº 79, de 4 de abril de 2018*. Estabelece normas de organização e apresentação da Prestação de Contas do Presidente da República [...]. Disponível em: <https://pesquisa.in.gov.br/imprensa/jsp/visualiza/index.jsp?jornal=515&pagina=123&data=09/04/2018>. Acesso em 15-01-2021.

WERNER, Patrícia Ulson Pizarro. *Direito à saúde*. Enciclopédia Jurídica da PUCSP. Disponível em: <https://enciclopediajuridica.pucsp.br/verbete/170/edicao-1/direito-a-saude>. Acesso em 30-06-2021.